目次 ＊ Contents

お母さんの心のお守りに
地図を見て人を思う、町を思う
習慣を取り戻すために読む
切り開くために読む
新しい「山での生活」のために
東日本大震災関連の本
仮設住宅団地で暮らす
どこに住むか
飛ぶように借りられる料理の本
手紙を書くために…
手を動かす
感情を出す
肩のこらない本を揃える
生の声で語ること

イラスト　たむらかずみ

序章　東日本大震災のこと、自分にとっての本の存在

公益社団法人シャンティ国際ボランティア会（以下、シャンティ）は、一九八一年に内戦の戦火を逃れ隣国・タイに移り住んだカンボジア難民を支援する活動を行うために設立された国際協力NGOです。難民キャンプでは、悲惨な状況を目のあたりにし命からがら難民キャンプにたどり着いた子どもたちが、表情なくうなだれている姿がありました。それを見て「子どもたちが笑顔を取りもどすために何ができるか」を考え、スタートしたのが図書館活動です。難民キャンプの中での図書館の設置・運営、焼け残った図書の復興、読み聞かせや、伝統舞踊教室など、子どもから大人まで参加できる場を提供してきました。現在ではカンボジア、ラオス、タイの国内にあるミャンマー（ビルマ）難民キャンプとミャンマー国内、アフガニスタンに現地事務所を置き、図書館事業や学校建設など教育・文化支援の事業を行っています。

また、一九九五年の阪神《はんしん》・淡路《あわじ》大震災以降は緊急救援室を設置し、国内外問わず災害現場で緊急救援の活動を行ってきました。

私は一九九九年三月にシャンティに入職。同年四月から二〇〇七年三月まで、図書館事業の調整員としてカンボジア事務所に赴任していました。具体的には、内戦が終わったばかりのカンボジアの一市九州の五〇〇を超える小学校に、図書室を設置するプロジェクトを担当していました。しかし、図書室を設置してもそこに配布する絵本がありません。内戦で芸術家の九割が亡くなってしまったカンボジアで、画家や作家を探し出し絵本や紙芝居を描いてもらい、出版。それを学校に配布しました。また育成研修会を実施し、小学校の図書館員や州教育局の担当官の人材育成を行いました。二〇〇七年に日本に帰国してから東京事務所に勤務。二〇一一年一月からは、広報課で課長として働いています。

二〇一一年三月一一日、私は昼から他団体で行われる会議に参加するため新宿区にあるシャンティの事務所を出て世田谷区にいました。

会議も中盤に差し掛かった頃でしょうか、体に揺れを感じました。誰かが「あ、地震ですね」と発した数秒後、縦揺れなのか横揺れなのか分からない「気味が悪い大きな揺れ」になりました。急いで会議室の机の下にもぐり、床に手を置き必死でこらえます。

少し弱まり、全員が恐る恐る机の下から顔を出します。「こんなに大きいなんて、首都直下が来たんじゃない」と震える声が聞こえてきました。

するとまたその次の瞬間、同じような衝撃波を持つ揺れが来ました。また急いで机の下にもぐった時、フラッシュバックのように昔の光景が目の前に現れました。

思い出したのは小学校の時経験した日本海中部地震。幸い私の小学校の校舎に被害はなかったものの、家に戻ると、本棚が倒れ、ありとあらゆるものが散乱していました。余震を恐れながらも棚に本などを戻している時に、「家にいなくてよかった。これが夜寝ている時だったらどうなっていたか」と言った母の言葉が脳裏を駆け巡ります。

これ以上会議は続けられないということで解散することに。「帰る前に、何が起こったのか確認しましょう」と、その団体の人がテレビをつけてくれました。

目に飛び込んできたのは仙台空港を津波が襲っている映像でした。「なにこれ……ハリウッドとかの映画じゃないよね」と誰かがつぶやきました。私もこの映像が現実に起こっていることとして受け止められませんでした。

現実に戻されたのは「震源は東北です！」という叫び声を聞いた時でした。「故郷が壊されてしまう」、目の前が真っ暗になりました。私が小学校の時に体験した地震よりも、はるかに強大な破壊力を持った地震と津波。この揺れで一瞬、過去に引き戻され、日本海中部地震を思い出した私。それ以上の体験をした東北の子どもたちは、一生「今日の日を背負い続ける」のだろうと思いました。

歩いてシャンティの事務所に戻ると「明日、三月一二日に課長と緊急救援室のスタッフは事務所集合。東北の緊急救援についての話し合いを行う」と、当時事務局次長だった市川斉《ひとし》からの指示がありました。

その時、私は一つ不安を抱えていました。青森に住む両親と連絡がついていなかったのです。三月はまだ雪が降る青森県弘前《ひろさき》市。岩木山《いわきさん》と八甲田山《はっこうださん》に囲まれた町は津波の被害はないことは分かっていましたが、本棚の下敷きになっていないか、停電になっていたら寒さで凍えていないかと最悪の事態を想像してしまいます。また岩手県にいる親戚のことも気になります。

親族の安否確認はできなくても、団体としての活動は始まります。この仕事をしている限り、スタッフとして乗り越えねばいけないことだと覚悟を決めました。

三月一一日の夜、私は家に戻ることができました。東北の人たちが、どれだけの不安と恐怖の中、一夜を過ごしているかと思うと、胸が張り裂けそうでした。そして「支援活動には長くかかわることになる。東北の人間である以上一生かかわることになるだろう」と、余震の中で決意をしました。

二〇一一年四月二日に東北入りをし、宮城県南三陸町《みなみさんりくちょう》から岩手県大船渡《おおふなと》市まで回りました。避難所で、移動中の休憩所で、そして図書館でたくさんの方と出会い、震災当時のこと、今の生活について話を聞きました。

私の印象に残ったのは人の「手」でした。出会った人たちの手を思い出しながら、四月八日に「手の記憶」という詩を書きました。

「三年後、三陸のワカメを食べに戻ってこい」という漁師の手
むじゃきな笑顔ではしゃぐ子どもの頭を愛《いと》しくなでるお母さんの手
「津波で何もかもがなくなった。だから未練はない。あとは復興させるだけだ」力強く、固く握られた青年の手
避難所で手作りのお風呂を作るおじいちゃんの手
「この避難所におれが電気を灯《とも》す」といった電気屋さんの手
自分たちで炊き出しをしている避難所の、冷たい水でひび割れたお母さんたちの手

「けんか七夕《たなばた》を復活させる」という誓いを寄せ書きに書いた若者の手

図書館が開館したら子どもたちが喜ぶだろうと想像しながら、地震で床に投げ出された本を一冊一冊ていねいに棚に戻す図書館員の手

暖房もない避難所の冷たい体育館の床で、風邪をひいて寝ているおじいちゃんの肩を心配そうになぜているおばあさんの手

瓦礫《がれき》となった家のまわりで思い出の品を捜す家族の手

一カ月たって見つかった行方不明者。火葬場で祈りのための合わせられた僧侶の手。遺族の手

三月一一日、その手には悲しい記憶が刻まれた。

おさまらない揺れに、机の下に隠れ、細い机の脚を必死に握った子どもたちの手

高台での工事作業中、向こうから迫りくる津波を見つけ、山の下にいる人たちに向かって「早く逃げろ」と叫び、振り続けた手

孫とお嫁さんと一緒に逃げたおばあさん。途中津波に飲み込まれ、「おめたちは生きろ」といって自ら振り払い津波に飲まれていったおばあちゃんの手

「助けて」と差し伸べた手
それをつかむことができなかった手

その手は、これまでも、そしてこれからも、どれだけの涙をぬぐうのだろう。
どれだけの悔しさのためにこぶしを握るのだろう。

我々が、にぎった手が、新たな記憶のはじまりになるように。
誰かと一緒に歩めると思ってもらえるように。
そしてその手を、離さないように。

被災現場に入りそこで見た風景に、失ったものの大きさに愕然《がくぜん》としました。それ以上に、その時に出会った人たちの一言一言が胸に突き刺さりました。どうすれば聞いた声、それも全員の声を表せるのだろうと考え、メモを走らせていくと、偶然ではありますが、詩という形になりました。その後も、詩という形式がその時一番的確に私の気持ちを表せる表現手段になっていきました。東北では震災直後から、宮沢賢治の「雨ニモマケズ」が朗読されました。相田《あいだ》みつをさんの詩にも励まされた人たちがたくさんいたとも聞いています。短い文章の中に自分の気持ちを的確に表してくれる。詩へのこんな共感の広がりを東北で目のあたりにしました。

二〇一一年の夏を過ぎるころから、今度は詩すらも書けなくなりました。震災前、毎日ブログを書いていたのですが、いつの間にか言葉が出なくなり文章も書けません。詩は勢いで書けましたが、そのうち、きちんと言葉を選んで表現しようと思うようになり、また先の見えない被災地で、外部の人間の私が「思ったこと」を書くのが怖くなってしまいました。

言葉がうまく出なくなると、自分の内に抑え込んでいたいろいろなものが、頭の中を駆け巡り、形にならないモノが体の外に吐き出されずに、うごめいているようです。

そんな状況を救ってくれたのが「本」であり「言葉」でした。

ふと手に取った本の中に、私の気持ちや状況を的確に表す一行に出会った時、「形にならないモノ」が「形」になり「言葉」として発することができたのです。その瞬間、スッと霧が晴れたような心地よさを得たのです。

それから、言葉を求めさまざまな本を、事務所の倉庫や、図書館、書店で見つけては手に取るようになりました。本を選ぶのは人です。しかし本が、その本を読まなければいけない人を選んでいるのではないか、と思える出会いがありました。

この震災で、それまで当たり前と思っていた価値観の転換を余儀なくされた気がします。そのため、これまで手に取らなかったジャンルの本を手にするようになりました。価値観の急激な転換を求められ、自分の中の引き出しを増やしておこうと思ったからです。


この本でお伝えしたいことは二つあります。

まず一つは移動図書館プロジェクトの立ち上げについてです。シャンティが、日本国内での図書館のプロジェクトを行ったのは、一九八一年の設立以来初めてのことでした。土地勘もない岩手に入り、どのようにプロジェクトを形作っていったのか、何をどのように準備すれば移動図書館ができるのか、そのプロセスをまとめています。

活動の内容について報告会などで話す機会はありますが、事業立ち上げについて触れることはあまりありません。二〇一一年三月一一日から書いたメール、報告書、メモ、写真資料などを見ながら、まとめていきました。

東日本大震災のような震災は二度と起こってほしくないと思いながらも、何が起こってもおかしくない世界になったような気もします。移動図書館の立ち上げのプロセスについても、シャンティの専売特許ではありません。皆さんの地元で何かが起き、本や図書館へのニーズが浮上した時に、この本が参考になればと思います。

もう一つは、本のチカラについて。どのような本が選ばれ、なぜ読まれたかについてです。こんな状況の時にどんな情報が求められたのか気づく部分もあれば、本を読んで感じる楽しさや切なさは、被災地であるなしにかかわらず変わらない、と思う部分もあるのではないでしょうか。

衣食住が大切なのは疑いようもない事実です。心はどうでしょう。

図書館が生み出す空間、本が伝える情報、その可能性について一緒に考える機会となれば幸いです。

一章　なぜ移動図書館なのか

東北へ

三月一一日午後二時四六分に起きた巨大地震。今思うと、私は、あの揺れを「地震」と認識していなかった気がします。あれは地震ではなく、もっといろいろな「厄」が複雑に混ざり合い地球にぶつかって、その衝撃が襲ってきたのでは、という印象を持ちました。

三月一二日の午後、課長以上と緊急救援室のスタッフが緊迫した面持ちで事務所に集まりました。この日の午前中には、社会福祉法人全国社会福祉協議会災害ボランティア活動支援プロジェクト会議が開かれ、シャンティから一人のスタッフが参加。平時のネットワーク作りが緊急時に生きることを実感しました。シャンティは緊急救援関係だけでも災害ボランティア・市民活動支援に関する検証プロジェクト会議、震災がつなぐ全国ネットワーク、東海地震等に備えた災害ボランティアネットワーク委員会、東京災害ボランティアネットワークに所属しており、さまざまの情報が震災直後からメールで飛び交っていました。

三月一二日の会議も団体としてやるやらないという二択ではなく、「やる」ことが前提で話が進みます。会議室の壁に、模造紙と日本地図が張られ、その上に被害状況を示した付せんがどんどん張られていきます。

今回のような広域にわたる被災、何県のどこに行けばよいのか私も想像がつかない中、震災関連のネットワークで「経験の浅い団体は仙台に集まるだろう。経験のある団体は仙台よりも北を目指そう」という話になったそうです。

北へ。スタッフを派遣することがこの日の会議で決定しました。広報課の私はその日のうちに「東北地方太平洋沖地震の被災者支援活動を開始します。」というメールニュースを発信しました。具体的な支援内容は決まっていないものの、阪神《はんしん》・淡路《あわじ》大震災の際の支援活動の経験を生かすこと、スタッフを週明けに派遣するということを明記しました。そして何よりお亡くなりになった方のご冥福を祈り、行方不明の方が見つかるようにとの思いを込めました。ただ一命をとりとめた方の恐怖、悲しみ、喪失感を考えると、東京でメールニュースを出している自分は、本当に東北に寄り添えているのかと自問自答を何度もしました。

現場入りは簡単なことではありません。当時閉鎖されていた東北自動車道を通行するには、警察署から発行される車両通行許可書が必要でしたが、それがなかなか下りなかったのです。

甚大な被害の中、支援団体が簡単には入れる状況ではないという判断だったのでしょうか。それでも粘り強く申請し、三月一五日に山形県に住む副会長の三部義道《さんべぎどう》が、一六日には東京事務所から元神戸所長の市川斉《ひとし》と緊急救援室の白鳥孝太が現場入りしました。

東北の沿岸部はメールが通じないため、携帯電話のアンテナが立った時を見計らって現地スタッフが電話で私に情報を伝えることになっていました。東京の事務所も支援やボランティアの問い合わせでごった返す中、現地からの貴重な情報を取りこぼさないようにと受話器を耳に押し当て、もう片方の耳を押さえて雑音を遮断しながら、一語一語を聞きもらさないようにメモにしていきます。「石巻市《いしのまきし》で調査中にご遺体を見つけた。自衛隊を呼んで収容してもらった。一週間近くたつけど、まだこの瓦礫《がれき》の下にどれだけの方がいらっしゃるか」。目にし、耳にしたことを、かすかに震える声で報告してくれるスタッフはどれだけの極限状態の中にいるのだろう。それ以上に、あの日を体験し、今、その状況下にいる東北の人々を考えると、毛布や温かいご飯と一緒に心が温まるものを届けたい、という思いが募りました。

緊急救援時における一〇カ条

シャンティが阪神・淡路大震災の経験をまとめ、二〇〇〇年に自費出版した『混沌《こんとん》からの出発』の中に「緊急救援時における一〇カ条」があります。今回も当時を知るスタッフがいち早く現場入り。当時の経験を直接聞く時間が限られていたため東京のスタッフはこの本を読み、学び、対応していきました。

『混沌からの出発』は絶版となっていますが、この一〇カ条はどの震災の支援の現場でも活用できると実感しました。この本に残したいと思います。

一　鍵を握るのはボランティア・コーディネートである

震災直後、現場のニーズは限りなく存在しました。そして「何かをしたい」という思いを持った人もたくさんいました。その中で鍵となるのがニーズとボランティアを的確につなげるコーディネーターの働きです。

ニーズの把握はもちろん、炊き出しを例にとっても、受け入れ先の避難者数、運営態勢、キーパーソン、食材・機材の調達、他に炊き出しを行っている団体との調整、どんな炊き出しが必要とされているのかというさまざまな条件を調整する必要があります。またそれに即して適材適所で人を配置する必要があります。

二　救援物資を第二の災害にしてはならない

「必要なものしか送らない」というのは大原則ですが、日々変化するニーズの中で「何が必要なのか」が分からない、という声をよく聞きます。送り先を決める際一つの基準となるのは「送った後に、誰が責任をもって配り、それがどのように活用されるか」まで示されているかどうかです。

支援でもらったものを捨てづらいという声は現場のいたるところであります。もらったものは、処分を含めて受け取った側に一任することも、ご考慮いただきたいポイントです。

三　被災者とボランティアには心の溝がある

イベント、コンサート、物資配布など週末に盛り上がるボランティア。ただ盛り上がっているのはボランティアでしょうか、そこにいる人でしょうか。神戸では「ボランティアの人たちは、楽しそうにやっているけど、被災者の中には、しらけている人も多いよ」という声もあったようです。今回の東北でも支援を終える理由に「盛り上がらないから」というものがあったとか。

被害にあった人たちが抱える深刻で切実な事情は、外部から駆け付けたものに到底計り知れるものではありません。そのことを肝に銘じながら、しかもなお被災者の立場に立とうとする姿勢が大切です。

岩手事務所でも所長の古賀東彦《こがはるひこ》が「岩手のために、です」といつも言っていました。「何のための活動なのか」を常に自問し、軌道修正する姿勢が肝要です。

四　地域性を理解して行動する

その地域の風習や文化などを理解して行動することが大切です。

阪神・淡路大震災の時は、同和地区の問題がありました。そこに行くことを地域の人に伝えると「なんでそんなところ行くんや」と言われたり、地元のボランティアから「私たちはそこには行けない」と拒否されたこともありました。

本当は支援の手を必要としていながら、それぞれの事情から、自分たちから声を上げられないという地域もあります。目立つ場所や人に支援が集中しがちですが、意識して他の地域に目を向けて積極的にかかわることが重要です。

五　地域のリーダーやボランティア（救援者側）にも心のケアは必要である

子ども、お年寄りなどのケアはもちろん大切ですが、地域のリーダーの人たちも心身ともに疲れています。また「強くなくてはリーダーではない」、「リーダーはこうして当たり前」という雰囲気がストレスになり、責任がある立場上、弱音を言えずにためてしまう方もいます。リーダーが疲れて判断力を失えばすべての歯車が回らなくなることもあります。アメリカでは「トップリーダーほど、心のケアが必要とされる」と言われているそうです。

またボランティアの人たちも被災地の惨状の中、日々行う支援活動には精神的・肉体的にも想像以上に大きなエネルギーを消耗します。その日起こったことはその日のうちにミーティングなどで語り合うことで毎日消化、発散させる必要があります。

陸前高田市《りくぜんたかた》の避難所で「ボランティアさんに声をかけたいけど、忙しそうで」と言うおばあちゃんがいました。血眼になって炊き出しをしている姿に「こちらから声をかけるのは申し訳ない」と。まずはボランティアが自分自身の「心」を保つ必要があります。さもなければ逆に地元の方に余計なプレッシャーをかけてしまうことにもなりかねません。

六　地元の人々や団体と連携する

資金的や人的な問題や団体の方針などから撤退する団体の中には、残された仕事やニーズを地元に引き継ぐと言って帰っていくところもあります。しかし現場に入ったおびただしい数の団体が残した問題を地元の数少ない団体に引き継ぐのは無理があります。

活動の引き継ぎを考えるなら「勝手にやり散らかした活動」とならないためにも、早い時期から地元の人々や団体と連携して行動することが必要です。

また「引き継がない」という方法もあるのではないかと思っています。無理矢理に押し付けるのではなく、完全に撤収するのも一つの手段です。

七　活動を始める際には、撤退の時期を念頭に置く

緊急救援を始める時よりも、活動を中止する判断をする方が難しいのが現実です。シャンティでは緊急救援から復興支援に入った段階で各プロジェクトの撤収についても計画書に盛り込んでいました。またその計画書も毎年見直し軌道修正をしていきます。

撤退を含め、一番の転機は「地域が日常を取り戻しつつある時」と考えますが、「誰の日常か」を見極める必要があります。経済的に余裕がある人と職を失った人や高齢者には格差が生まれてきますし、弱い立場の人たちは次第に取り残され、深刻で複雑な問題にもつながっていきます。

八　行政だけに頼らず、市民相互の協力の輪を

行政の対応の遅さにイライラを募らせる人も多いのですが、これだけすべてが破壊された震災の後、行政がすべてを片付けられるわけではありません。地域レベル、全国レベルで、どう助け合い補い合うか、その役割分担を、一般の市民、行政、ＮＰＯ・ＮＧＯを含めて、議論し、実際に機能するネットワークを作っていく必要があります。阪神・淡路大震災以降、当時の混乱の反省を活かし、東北ではボランティアセンターが立ち上げられ、地域住民が独自のまちづくり事業を展開するなどの動きが見られました。

九　想像力を働かせて行動する

「瓦礫がなくなったので終わり」、「仮設住宅団地は家賃がタダだし、これで安心」というわけではありません。表面上だけでなく、その奥に潜んでいる部分まで見ようとしないと、問題の核心は見えてきません。

「被災者の立場に立って行動しよう」と言われますが、外部の人間が同じ立場や思いに立ちきれるものではありません。だからこそ、想像力を働かせて、見えざる部分を洞察し、行動

することこそ大切なのだと思います。疑うのではなく、「本当にそうなんだろうか」と常に疑問を持ち追求していくことが重要です。

一〇　救援活動は自らの実情に即した方法で

被害が甚大であればあるほど、支援活動は多種多様なものが必要とされます。緊急救援時であれば、炊き出しから始まって、物資配布、避難所での手伝いなど多岐にわたります。

地元の事情に即することはもちろんのこと、同時に支援者側の特性や能力も考慮し、どんな支援をどこまでするのかを把握することが必要となります。

このガイドラインをもとに考え、行動しました。物資配布の考え方や「誰のための活動か」を常に振り返る姿勢など事前に心構えを持つことができました。

一方、今回の東日本大震災の後、私たちは、この一〇カ条の検証を行い、さらに実情に合ったものにしていく作業が必要だと感じています。

記憶を探す人たち

「地震で家がつぶれただけなら、火事が起きない限り家の中のものを救出できるかもしれないのに」。生活があった証《あかし》が全くと言っていいほど奪われてしまい、町の原形をとどめてない光景を目の前にしているのでしょう。かすかに震える声から、自然の驚異の前に呆然《ぼうぜん》と立ち尽くすしかない中、ぶつけようのない怒りと悲しみが伝わってきます。

今回の震災では津波がすべてをさらっていきました。三月一六日に陸前高田市に入った三部からは「津波が襲わなかった地区は建物の倒壊もほとんど見られないが、ある一線を境に津波に襲われた地区のほとんどの建物は原型をとどめていない。地平線まで原野のような光景が続いている」という報告がありました。

自分の家があった場所は見当がついても、その家にあったものどころか家がまるまる流され跡形もなくなってしまうケースも多々見られました。

それでも避難所から家があった場所に来ては、瓦礫をかき分けながら家にあったものを捜す人たちがいました。男性が、「先祖代々続いてきたものが自分の代で途切れるのは申し訳ない」と仏壇の中にあったご位牌《いはい》を探していました。

また家族の写真を捜している人の姿もありました。「何でもいいから、一緒に生きてきた証が残っていてほしい」と。

赤ちゃんの母子手帳を捜すお母さんがいました。「いつ予防接種を打ったのか。これから生きていく子どもたちの健康を考えたら、その記録がなくなるのは辛《つら》い」。

過去の記録を捜す男性、未来の子どもたちのために記録を捜す女性の姿。

また避難所では、明治や昭和の津波の話が、お年寄りから語られていました。あの時の経験が活かせたという方もいれば、活かせず行方不明の友人がいると話す方もいました。「津波の怖さを知っているのに、どうして家に戻っていったんだろうね。それで飲み込まれちゃったとは」

もちろん過去の辛い経験を繰り返さないためにも平時の避難訓練や啓蒙《けいもう》活動は大切です。またその「記憶」をきちんと伝えていくためには、やはり「記録」を残していくこと。「被災をしたという体験は悲しいかな、私のものになったが、次の世代の子どもたちやその子どもたちにはどのように伝えていけばよいのだろう」という声を聞いた時、「記録にないものは、記憶されない」という言葉が頭の中を駆け巡ります。

記憶を、記録の媒体である本として残すことの大切さと、それを届け、伝えていかねばと思ったのは、「震災が起こった時から風化は始まっているのではないか」という一言を聞いて「待ったなしだ」と震えが走ったからです。

「本の出版はできなくても、届け伝えていくことは、情報の拠点としての図書館ならできるのではないか」という声が聞こえたような気がしました。

「本を読みたい」という声

四月三日、私は宮城県気仙沼《けせんぬま》市にいました。市内の仮事務所に寝泊まりをしながら、避難所を回り必要な物資の聞き取りや、炊き出しの手伝い、また広報課長として現場からの情報発信やテレビ取材の同行を行いました。

三月一五日から現地に入り、一九日に気仙沼市に拠点を構えたとはいえ、住民の方々にとって「シャンティ国際ボランティア会」という団体名は初めて聞くもの。避難所でも挨拶と一緒に「一九八一年からアジアを中心に教育・文化支援を行っている団体ですが、一九九五年の阪神・淡路大震災以降、緊急救援も行っています」と説明をしていました。

私が訪れた気仙沼市の避難所で「アジアで教育って言っても、どんな活動をしているの」と聞かれたので、「絵本出版や図書室を作る活動をしています」とお答えしたところ、「ちょうどよかった」と大きな声を上げ皆さんが避難所の奥に戻っていきました。そしてしばらくすると、重そうな段ボール箱を二箱持ってきました。

「この避難所には小さい子どもはいない。一番若いので高校生だ。それなのに、ほら、絵本が届いたんだよ」と箱の中を見せてくれました。絵本がぎゅうぎゅうに詰まっています。「子どもたちがたくさんいる避難所もあるはず。そこにこの本を届けておくれ」と。

その後、岩手県陸前高田市の避難所に行った時、お母さん方が子ども向けに届いた物資の仕分け作業の最中でした。二歳の子どもを持つお母さんは、「地震の後、子どもが怖がってよく泣くようになりました」と、必死に抱きつきながら泣く子を、あやしながら語ってくれました。また中学生のお母さんは、「小さい子ども向けのものは届くのですが、小学校高学年から上の子どもたちのためのものはありませんね」と話をしてくれました。

その避難所の皆さんが口を揃えて言うのは、「子どもは、元気の源だよ」ということ。子どもが笑うと、大人も笑顔になれる、と。子どもと言っても小さい子だけではなく、多感な一〇代の子どもたちもいます。届く支援物資の中には児童書やヤングアダルトの本もあるはず。読みたい人がいるし、読みたい本があるはずです。それをマッチングさせなければせっかくの物資は意味をなさないと改めて感じました。

また、とある避難所では、段ボール箱の中に入った本をじっと眺めていた男性が「この本を読みたいんだけど。ちょっと怖くて手が出せない。誰のものかな」と周りに聞いている姿がありました。この本が避難所に届いたものなのか、個人に届いたものなのか分からない。勝手に借りていったら個人に届いたもので「この中に泥棒がいる」と言われ、避難所で村八分になるのだけは避けたい。また段ボール箱の中に入りっぱなしのものは、読んでいいのか、まだ仕分けをしていないから駄目なだけなのか、捨てる予定なのか、今どのような状態にあるかが分からないと、混乱の原因になっていました。「ご自由にどうぞ」など一言書いてくれるだけでもいいのに、という声はどの避難所でも聞かれました。

避難所同士が連絡を取り合い、本の交換をする時間はありません。また車もなくした人が多い中、重い本を持って移動するのは至難の業です。誰かがその本を巡回させること、そして簡単なものでもいいので仕組みを作りルールを伝えることが大切なのだと。物はものである以上、人がいて物に命が宿るのかもしれません。

こんな時だから、今、出会う本が子どもたちの一生の支えになる

シャンティは炊き出しや物資配布だけではなく宮城県気仙沼市災害ボランティアセンター

の立ち上げ、運営を支援しました。二〇一一年三月二八日のオープンに先立ち、ボランティア受付、ボランティア保険、ニーズとのマッチング表など各種申請書類の整備、ボランティア受け入れのシミュレーションを社会福祉協議会と一緒に行いました。

気仙沼市で、気になっている施設がありました。それは気仙沼図書館です。三月、東京にいながらも気仙沼市の情報収集をしていた時に見つけたのは「図書館再開」のニュース。多くの自治体では図書館員も役場のスタッフとして避難所対応などに追われている、という話は聞いていたので、いくら建物が残ったとはいえ図書館の再開を決めたことは、図書館関係者としては喜びであったのと同時に「なぜ?」という疑問がつきまといます。

四月四日、空き時間を見つけて、高台にある気仙沼図書館を訪問しました。アポイントを取らなかったのは、ご迷惑になるかもしれないと思ったから。建物の中と、できれば中の様子を見て邪魔にならないように立ち去ろうと考えていました。恐る恐る入口に向かうと目に入ってきた看板に驚きました。

「閉館日」

愕然としながらも、建物の外だけでもと思いうろうろしていると、図書館の扉が開きました。「どうされました」と一人の女性がこちらを見ています。図書館に勤務している山口和江さんでした。

「気仙沼で活動をしている東京の団体です。もともとは図書館の仕事をしているので気になって来てみたのです。閉館日だとは知らず申し訳ございません」と立ち去ろうとした時、「図書館の中をご覧になりますか」と思いがけない言葉をいただきました。

気仙沼市には三館の図書館があります。気仙沼市の中心地にある今回お伺いした気仙沼図書館、唐桑《からくわ》分館（二〇〇六年三月三一日に唐桑町が気仙沼市に合併）、本吉《もとよし》図書館（二〇〇九年九月一日に本吉町が気仙沼市に合併）です。

気仙沼図書館は、三月三〇日より午前一〇時から午後三時まで閲覧のみですが再開しました。休館日は月・火曜日で、お伺いした四月五日は火曜日でした。貸し出しはまだ行っていませんでしたが、プライバシーのない避難所にいる人たちが時間を過ごしに来るそうです。「ただ、震災で車をなくした人やガソリンを買うお金がない人は、図書館に来るのもままならないのです」と寂しそうに語られます。

「三月一一日、約一〇万冊ある蔵書やCDが床に散乱しました。再開を前に図書館員とボランティアが、本を棚に戻す作業をしました」と山口さんに図書館の中を案内してもらいながら当時の様子や復旧のことを聞いていると、図書館の入口をうろうろしている男性の姿が見えます。図書館員が戸を開け、声をかけると、年配の男性が図書館に入ってきました。「借りた本が津波で流されちゃった。紛失届とか書くものあったよね」、私がいた数時間の間に同じように本をなくしたことを申請に来る方が何人もいました。こんな状況下でも借りたものをなくしてしまい、返せないことを申し訳なく思っている人がいる。社会で生きていくうえで大切な「約束を守る」という原理が生きていると感じることができました。この「約束を守る」は、その後立ち上げる移動図書館活動の概念となります。

石油ストーブの上に置かれたやかんのお湯で作ってくれたお茶をいただきながら、図書館の事務室でいろいろなお話を伺いました。特に避難所で生活をしている子どもたちのこと。気仙沼図書館は移動図書館車を持っていました。三月一一日は運行日で、車を置いて高台に逃げたので運転手やスタッフは無事でしたが、車は津波に飲み込まれました。三月二七日に自衛隊の特殊車両に牽引《けんいん》され戻ってきましたが、動きません。中に積んであった三〇〇〇冊の本はもちろんエンジンも海水と海に流れた重油をかぶったのです。避難所で生活をする子どもたちに本を届けたいが、移動図書館車が動かないのでプラスチックケースに入れて本を運ぶか、避難所に届いた本を活用するかを考えている、という話でした。

「こんな時だから、今、出会う本が子どもたちの一生の支えになる」。ふと、山口さんが口にした言葉です。苦しい時、辛い時だからこそ、その本の主人公に自分を重ね合わせて励まされたり、思いっきり笑ってすっきりしたり。

震災から三週間、支援策を考えた時、「まだ図書館ではない」「まだ本ではない」という思いを私自身の中に抑えていましたが、逆に「こんな時」だからこそ、その本が、いいえ、もしかしたらその本の中にある一行が与える影響は計り知れないものになるのではないでしょうか。

その後、炊き出しなどについてお話をした時に、食糧支援などは大変ありがたいと前置きをしながら、「食べ物は食べたらなくなります。でも読んだ本の記憶は残ります。だから図書館員として本を届けていきたいのです」と。電気のついていない薄暗く静寂に満ちた図書館に、山口さんの静かな、でも使命を帯びた声が響きました。その言葉を聞いた時、背筋がぞくっとしました。「まだ本ではない」と思っていた自分は、どれだけ本のチカラを知っていたのだろう。生きるために衣食住が必要なのは当たり前ですが、人々が困難な生活を余儀なくされた時にこそ持つ、本や図書館の存在価値を見出していなかったのではないかと自分を恥じました。

それと同時に「この言葉、どこかで聞いたことがある」と記憶の糸をたどりました。その声は、カンボジアの難民キャンプの女の子の声でした。約四年間で処刑や強制労働で二〇〇万人が命を失った政権下で生き、地雷などが埋まる国境を命からがら越えてタイに逃れ、そこに難民キャンプを形成したカンボジアの人々。子どもたちも、目の前で、いろいろな悲惨な光景を目にしてきました。難民キャンプは鉄条網に囲まれ、タイの兵隊の監視下のもと自由はありません。その声は、難民キャンプでシャンティが運営する図書館に来ていた女の子がつぶやいた一言でした。「お菓子は食べたらなくなるけど、絵本は何度でも読めるから好き」。

衣食住を確保し「体の栄養」を満たすだけではなく、図書館という空間や本が「心の栄養」として存在できるはず。体の栄養が満たされるのを待って、心の栄養を考慮するのではなく、同時に届けていく時期に来ているのではないか、と思いました。

実践女子大学の小林卓《たく》先生から古代エジプトのテーベ図書館に掲げられていたサインについて教えてもらいました。入口には「図書館」ではなく「心の診療所」と掲げられていたそうです。図書館は単に本の貸し出しのためではなく、心の診療所になりえるからこそ、カンボジアの内戦後の難民キャンプや今回の東北の災害の現場で人々が求めているのかもしれない。

「図書館の活動を通じて、必要としている人に読みたい本を届けたい」。約九年間、カンボジアで図書室を作る仕事をしてきた私は、心の中で大きな決意をしていました。しかしこの状況下で、いちスタッフが組織に提案できるものなのか、どのタイミングで誰に切り出すのか分かりません。早く動きたい気持ちと、自分の無力さに直面して胸が締め付けられる思いでした。でもあきらめてはいけない、必ずその時が来るからと自分に言い聞かせました。

四月二六日にかかってきた一本の電話

気仙沼市から戻ってきた私は、県立図書館のホームページやsaveMLAK（図書館を含む公共施設の被災救災情報サイト）のサイトを見て大きな被害を受けたため再開の見込みが立たない館がたくさんあることを知りました。

四月二六日の夜、私の携帯電話に着信がありました。ふと覗《のぞ》きこむと事務局長の関尚士《せきひさし》からでした。この日の夕方、岩手県の水沢江刺《みずさわえさし》に専務理事、事務局長、次長と、副会長が集まり、今後の被災地活動について話し合いを行っていました。震災から一カ月半は炊き出しや物資配布、ボランティアセンターの立ち上げの手伝いなど行ってきましたが、長期化が確実な状況の中で今後シャンティは何ができるのか、何をすべきかを話し合う会議でした。

その会議があった夜にかかってきた電話。恐る恐る出ると事務局長の第一声は「あ、鎌倉さん。岩手県に行ってくれる」でした。

「岩手県で何をすればいいんですか」

「現状を見てきて、そして事業を提案して。頼んだよ」

電話が切れました。

しばらく放心状態の私。「え、事業の形成調査を岩手でやるの。私が」。東北に行ってお手伝いができるという高ぶる気持ちもありながら、支援が長期化することが確実な地で事業立ち上げの調査をする責任がずっしりとのしかかります。

調査はゴールデンウィークに行うことが決定。ただ、岩手入りするには致命的となる欠点が私にはありました。運転免許がなかったのです。結局、一緒に調査を行うことになった市川が行程中ずっと運転手をする羽目に。その教訓を生かして二〇一二年一月に運転免許を取得しました。

岩手県入りは五月二日から七日まで。六日間の行程となりました。もっと長く滞在したかったのですが、五月一三日に開かれる理事会に計画書の提出するようにと言われ、調査結果は会議の前に東京事務所で詰めないといけないので、これ以上延ばすことはできません。

現地で物の購入ができないかもしれないことを考慮し、持ち物を用意します。この年、三月二七日の私の誕生日にプレゼントでもらった寝袋もバッグにいれました。ただ食べ物は、四月に気仙沼市に行った時に開いている食堂があったので、今回も地元で再開したお店に行こうと決めました。気仙沼市で土地勘がない中、歩いて「ここにお店がありそうだ」と家族経営の小さな食堂を見つけた私を、一緒にいたスタッフが「食べ物への嗅覚がすごいですね」と言っていたっけ。

一番神経を使ったのがスケジュールの組み方です。一日も無駄にできません。ただ、この時、心したのは「思いは持つが、思い込みは捨てる」こと。今まで積み重ねた経験を活かしつつも、一度リセットして考えることが大切です。

気仙沼市で図書館員から聞いた声が、頭の中をぐるぐる回ります。また岩手県立図書館のホームページに出ていた県内の図書館の被災状況も気になり、毎日見ていました。しかし同時に現場に行く前から「図書館をやってきた団体だから、図書館だろう」と決定するのは危険だとも感じていました。

スピードが求められる中、慎重すぎやしないかとも思いました。ただ、岩手県で皆さんの声を聞くことなしに、始めることはできませんでした。

図書館の被害状況を見聞きして「図書館関係のお手伝いができたら」と考えた、図書館関係者も多かったと思います。

では「図書館関係のお手伝いとは何か」という大きな問いがあります。

図書館の建物も本もなくなった状態でできる「図書館のお手伝い」とは何でしょうか。

シャンティがアジアで行っている図書館事業は子どもを対象としており、絵本の読み聞かせに重点をおいています。では東北でも読み聞かせなのか。読み聞かせだけでいいのか。

本を集めたり購入をして、配布してはどうか。その場合本はどんな本棚に置かれるのか。本棚も作って配れるか。どこに配るのか。誰が管理するのか。

図書館の建設は無理でも、トレーラーハウスなど仮設の図書室を持つか。それはどこに置くのか。一カ所だけでいいのか。設置する場所は、人々が来られる場所なのか。

「とりあえずやらねば」と拙速に動き、短期間で資金や人的なサポートを枯渇させてしまうのは残念なこと。浮かび上がる問いに一つ一つ答えていくことが、長期的な事業を考える上で重要になってきます。もちろんそれはやらない理由を考えるのではなく、やれる方法を考えるという前提でなければなりません。

思い込みは捨てるように心しつつも、何の準備もなしに現場に行くのは失礼なこと。岩手県沿岸部の災害ボランティアセンターの場所、緊急救援関連のネットワーク組織の動き、すでに現場入りしていてヒアリングできそうな人などを洗い出し、アポイントを入れられるところは入れていきました。

また図書館について「人」の情報を得たいと思いました。

被災状況は岩手県立図書館のホームページで知ることができましたが、現場に行った時、どなたにお会いしお話を伺えばよいのかが全く分かりません。そこで社団法人日本図書館協会の事務所を訪れ、当時常務理事兼事務局長だった松岡要《まつおかかなめ》さんに相談して、岩手県立図書館にアポを入れることができました。シャンティは日本図書館協会の会員ではありましたが、事務所にお伺いしたのはその時が初めて。日本で図書館の活動の経験のない団体にアドバイスをくださった松岡さんには感謝しています。

改めて感じたことは、平時の人間関係やネットワーク作りが緊急時に生きるということです。私が担当していたインターン生たちが震災後いち早く連絡をくれて、裏方の作業の手伝いに、来てくれました。セミナーを受講した後もつながっていた株式会社新規開拓の朝倉千恵子先生やセミナーの卒業生たちが募金を寄せてくれました。

「備えあれば憂いなし」と言いますが、物の備えだけではなく、どれくらい苦難や喜びを分かち合える「人」がいてくれるのか。そのためには、平時に自分がどれだけ「きちんと」人と接しているか、人間関係を作り上げているかが大切だと実感しました。

五月二日、岩手へ

震災から四九日後の四月二九日に東北新幹線が全線で運転を再開しました。それまで東京から車で、時間と労力をかけて移動していたので、新幹線という「足」の復活は時間などの短縮につながります。復旧作業に携わった方たちへの感謝の気持ちを胸に、五月二日、新幹線に乗って盛岡《もりおか》へ向かいました。

盛岡の駅の隣にある岩手県立図書館では、県内の図書館の被害状況についてご説明いただきました。

「図書館を担当していた職員も避難所対応などに追われているのか、連絡がつかない」。沿岸部に行っても図書館関係者と会うのは難しいのではないか、ということでした。

「特に……」、担当の方が言葉を詰まらせます。一瞬の沈黙の後、続いた言葉は「陸前高田市は図書館員が全員死亡もしくは行方不明。図書館を管轄する市の教育委員会生涯学習課の職員の多くが命を失いました」という厳しい現状を伝えるものでした。私も言葉を失います。

「山田町《やまだまち》では、図書館員が避難所対応に追われています。その中で、滝沢村から毎週火曜日、六カ所の避難所に移動図書館を出すようですよ」という情報をいただいた時、「そうだ、移動図書館」、頭の中でラケットがボールを真ん中でとらえたような感覚が。

四月の避難所周りで見た、読まれずに山積みになっていた本たち。「読みたい人がいて、読みたい本があるのに、届かない」現実。その時に「本をどう回すか」が課題だと感じ、アジアで行っていた「移動図書館」がイメージとしては思い浮かんではいたのです。ただ日本で図書館の事業の経験やノウハウがなく「どうやって」の部分がもやもやしていました。

「滝沢村の方たちと会って、お話を伺いたい」。滝沢村は盛岡市に隣接しています。最終日、盛岡から東京に戻る日に会えないかと思いながら岩手県立図書館を後にしました。

図書館の被害を目の当たりに

何度か記した、岩手県立図書館のホームページに「東北地方太平洋沖地震に係る岩手県内公立図書館等の被害概況」というサイトがあります。今でも県内すべての図書館の状況が随時情報更新されていますので、ご覧ください。

二〇一一年四月三〇日時点で、建物や設備の被害が大きかった図書館を訪問することにしました。また大船渡《おおふなと》市立三陸《さんりく》公民館図書館のように、大きな被害を受けた図書館と同じ市にある図書館には、今後の図書館同士の支援について伺いたかったので、訪れるようにしました。

次項が、今回訪問を予定した図書館のリストです。しかしこちら側の人的、時間的な制限から野田村など、訪問できなかった場所があります。五月の訪問は、支援の在り方などについて課題が残ったというのが正直な気持ちです。この時は、図書館以外にも避難所や災害ボランティアセンターなども訪問しましたが、今回は図書館のことを中心に書かせていただきます。

〈宮古市立図書館田老分室〉

「万里の長城のようだ」。宮古市《みやこし》立図書館田老《たろう》分室がある高台から防潮堤を見て、市川が呟《つぶや》きました。宮古市田老《たろう》地区は一八九六年の明治三陸大津波で一八五九人が亡くなり、一九三三年の昭和三陸大津波で九一一人が命を奪われました。昭和三陸津波襲来の翌年である一九三四年から整備が始まった防潮堤は、高さ約一〇メートル、上辺の幅約三メートル、総延長約二・四キロにも及び、その姿は要塞のようでした。

しかし、その巨大防潮堤を津波がやすやすと乗り越えたのです。分室のある公民館に隣接

図書館名	人的	建物	設備
宮古市立図書館	なし	一部亀裂(修繕済み)	本100冊ほど落下
宮古市立図書館田老分室	なし	床上15センチ浸水	水濡れ資料あり
釜石市立図書館	なし	ひび割れ	本5割程度落下。郷土資料、汚損のため利用不可
大船渡市立三陸公民館図書館	なし	津波の被害に遭い、骨組みしか残らず	全て流失
大船渡市立図書館	なし	なし	本の落下、照明の故障等。郷土資料、水濡れ
陸前高田市立図書館	全員行方不明または死亡	壊滅状態	把握不能
山田町立図書館	職員1名死亡（非番）	大きな被害はなし	図書散乱、図書30,000冊流失
大槌町立図書館	なし	壊滅状態	把握不能
野田村立図書館	なし	壊滅状態	把握不能

図書館の状況まとめ　（岩手県立図書館資料より：2011年4月30日時点）

する数軒の家を除き、町全体がえぐられるようになくなっていました。

田老分室は、丘の上にある宮古市田老公民館の一階にありました。建物自体倒壊などの被害はありませんでしたが、一五センチ程度の床上浸水がありました。

五月三日、建物の中に図書館関係者の姿はありませんでした。人気《ひとけ》自体ないと思っていた矢先に警察官にばったり会いました。その建物は瓦礫撤去や遺体捜索をしている岩手県警の宿泊場になっていました。「図書館の被害状況について聞き取りをしています」と説明をすると、「図書館の中は泥水がひどかった。片づけが大変だったが、少しでも本を救えないかと思い作業をした」と当時の話をしてくれました。

建物の二階に行く階段には、ボランティアがきれいにした写真が干されていました。また二階のホールには瓦礫撤去中に出てきた写真、アルバム、賞状、卒業証書などの品が、部屋を埋め尽くさんばかりに置かれていました。ひとりひとりの生活、思い出が詰まった品々と、目の前に広がる生活がすべて奪われた光景の落差に、言葉を失います。

建物の外に出ると、一人の男性が公民館の敷地から町を眺めていました。声をかけると、公民館の隣にある家の方でした。震災当日の話や震災後、徹夜でガソリンスタンドに並んだがもらえても一〇～二〇リットルを高額で購入をしないといけなかったこと。家は残ったが、一階部分は津波の被害がありめちゃくちゃになったこと。自衛隊の力も借りながら貴重品だけ捜してもらっているが、今日デジタルカメラが見つかり、中のSDカードに入っていた息子の卒業式の写真が無事だったのでほっとしていること。

その後、公民館の隣にある体育館を案内してくれました。「この田老体育館は四月末まで遺体安置所でした。あ、壁に穴が開いているでしょ。これは下にあった家が流されてきて、体育館にぶつかったのです」。

その体育館の隣に、田子《たご》第一中学校がありました。一見被害がなさそうに見えますが、建物は取り壊される予定だそうです。「この中学校の校庭で、毎年一〇月一〇日に部落対抗運動会の『田老地区体育大会』があったんですよ。昔から恒例の行事でね、お祭りだったんです。部落ごとに楽しみにしていたので、それもこれじゃできなくなりますよね」。その後も、まわりに人がいなくなったこと。特に、「夜が暗くて、とても、さびしいんだよ」と繰り返しおっしゃっていました。

人が会う場所、人と人とのつながりや温かさを感じられる場所がなくなってしまった。そんな場を、小さくてもいいから作れないか、どこに、どうやって、という質問が自分の頭の中でぐるぐる巡ります。

「人を感じる場づくり」がキーワードとなりました。

〈大船渡市立三陸公民館図書館〉

五月四日、大船渡市立三陸公民館図書館を訪れました。大船渡市に合併される前の三陸町にあった図書館で、公民館の中に併設されていました。建物は骨組みと壁を残し壊滅状態。部屋の中も空っぽで、図書館や併設されていた書店は見る影もありません。図書館員など関係者とも連絡を取りようもなく、まわりの住宅もなくなっていたため人っ子一人いませんでした。

岩手県立図書館の情報どおり、本はすべて津波で流失した様子。図書館の周りには、建物から投げ出された本が地面に点在しています。誰かが戻しに来たのでしょうか。建物の入口に泥だらけの本が積まれていました。ただすべての書籍が泥や油の混じった津波をかぶっているため、茶色く変色し、手にとってもページ同士がくっつき開くことができません。使用不可になった本。中には今でも買えるものもあるでしょう。でも絶版になったものはどうするのだろう。「本がなくなることで記録もなくなってしまう。それが未来にどのような影響をおよぼすのだろう」という思いが頭をよぎりました。そう思ったのは一九八〇年代シャンティが、カンボジアの内戦で失われた本を、村々を回って見つけ出し、再版し、難民キャンプの図書室に届けていた活動と照らし合わせたからかもしれません。日本はカンボジアと違い出版社がきちんと存在しますが、その地域に、絶版本や記録を、どのように残していくべきか。

それは「図書館がどこまで、記録を保存し、利用してもらうための存在であるか」という議論にもつながっていると感じました。

これを書いている二〇一三年秋の時点で、壊滅的な被害を受けた図書館の中には、公民館の一部やプレパブを利用して再開しているところがあります。何年後かになるであろう、図書館の建設、復興の際にどのような図書が置かれるのか、関心があります。

〈大船渡市立図書館（リアスホール）〉

大船渡市立三陸公民館図書館を訪れた同日、図書館が入っている複合施設のリアスホール。リアスホールは、避難所にもなっていて、図書館の職員も避難所対応の仕事をしているという話を聞いていました。その中で、連絡をするのはためらわれましたが、思い切って電話を掛けました。出てくれたのは当時大船渡市企画政策部・大船渡市立図書館の係長だった吉田裕勇《ひろを》さん。こちらの紹介と趣旨を説明して「来ていただいていいですよ」とご快諾いただき、泣きたいくらい嬉しかったです。

大船渡市立図書館が入っているリアスホールは建物の被害はなし。また人的被害もありませんでした。ただサーバーの回線がダウンしているため、資料の管理ができないこと、リアスホールが避難所になっているため、そちらの業務もあり、なかなか開館の目途《めど》が立てられないお話をいただきました。

移動図書館車の「かもしか号」の話になった時、吉田さんは自分自身の考えですがと前置きをした上で「こんな時だからこそ、移動図書館車を動かしたいのです」と力強くおっしゃいました。「避難所にいらっしゃる方が本を読みたいというニーズが高いからですか」と聞いた私に吉田さんは「移動図書館車を回すことは、ただ本を届けるだけのことではないのですよ」と一言。

「移動図書館の活動は、住民や学校のニーズをくみ取るという重要な役割を果たしているのです」。市民が何を求めているのか、何を思っているのか、それをくみ取る場として「移動図書館」が機能していることを教えていただきました。

住民の声を聞き抱えている課題を知ることは震災時のみならず、平時の町づくりにも大切なこと。「すべての人に」開かれた、気軽に集える図書館はその拠点となり得るのではないでしょうか。

古代ギリシアの広場「アゴラ」で市民が哲学の議論をし、思想を生み出していったように、集まり、つながり、語る場が町の未来を築いていくのではないでしょうか。

〈陸前高田市立図書館〉

四月三日に最初に訪れてから一カ月。陸前高田市の中心街があったところは、瓦礫の撤去も行われていない様子。自衛隊により、車が通る道だけはなんとか開けられています。カーナビには震災前の陸前高田市の地図が映し出されています。「目的地周辺です」というアナウンスを聞き車を停めました。目の前にあるのは窓ガラスがすべてなくなり、廃墟のような建物でした。その周りに散乱している泥だらけのおびただしい量の本だけがここが「図書館」だったことを示していました。壁に開いた大きな穴から備品が飛び出ていました。どれだけの力の波がぶつかってきたのでしょうか。

陸前高田市立図書館は、職員七人全員が死亡もしくは行方不明。館内はすべて水没。図書のほとんどは流出していました。

図書館の隣には、一九五九年に公立博物館では東北第一号の登録博物館として開館した陸前高田市立博物館、そして避難所として約一〇〇人が避難しつつも生存者が三人のみだった体育館など文化施設が一カ所に集まっています。

関係者にお話をと思いましたが、陸前高田市の教育委員会は仮設のプレハブオフィスを構えていること、図書館の業務を含む文化関係の仕事をしている担当が一人しかおらず今は訪問する時期ではないと、状況を知っている方から聞いていたので遠慮しました。

すでに夕方になり、捜索活動も終わっているのでしょうか。周りに人の影も、車の通りもありません。

次に来る時、どなたかにお会いできれば、と思いながら陸前高田市を後にしました。

〈大槌町立図書館〉

五月五日、大槌町《おおつちちょう》立図書館を訪れました。図書館は、町の中心地にありました。建物は壊滅状態。本も流失していました。建物の中に入ると、大きな金庫の開いた隙間から本が見えます。その金庫の大きな扉を津波が押し破ったのでしょう。

建物の中に散乱した状態で残っている本の中には、大槌町の歴史など地域資料がありました。大船渡市立三陸公民館図書館で「絶版になった本」について危惧していましたが、「地域資料」はどうなるのだろうと、頭によぎりました。絶版本は国会図書館などで保管されているかもしれません。ただ地域の広報誌、住民によるサークルの機関誌などは再版不可能なものもあるのではないでしょうか。

図書館から数百メートル先に大槌町役場がありました。大槌町は役場が津波に飲まれ、当時の町長である加藤宏暉《こうき》さんなど七人の管理職を含め二割を超える職員が亡くなるか、行方不明。中央公民館に仮の役場機能があると聞いてはいましたが、町長や課長不在の中、仕事をしている職員の邪魔をしてはいけないと、電話を掛けることができませんでした。高台にある中央公民館は避難所にもなっていました。一緒にいた市川が、「誰かと会えるかもしれない。ちょっと中に入ってくる」と言って車を降り、公民館の中に入っていきました。

しばらくして車に帰ってくるなり「図書館の担当者に会えた」と話をしてくれました。中央公民館の中にあった生涯学習課の前でうろうろしていたら、避難所対応から戻ってきた当時の図書班の畠山拓也《はたけやまたくや》さんに会うことができたとか。

「住宅が優先で図書館の再建の予定は当面ありません。仮設住宅団地に集会所ができるので、そこに全国から集まった図書を置く予定ではありますが」と話してくれました。飛び込みの訪問でしたが、非常に丁寧に対応してくれて、シャンティが図書の支援活動を実施するようなことがあれば、連絡をくださいという言葉ももらいました。

五月に入っても最高気温は一〇度ちょっと。最低気温も五度程度。まだ冬を感じさせる風が吹いています、中央公民館のある城山は一四世紀に山城があった場所。現在は、公園になっていますが、大槌を一望する景勝地でした。しかし震災後そこから広がる光景は瓦礫とむき出しになった土、家の土台のあった灰色のコンクリートの色。曇りの空の色がすっぽり街を覆ったようです。

静寂と闇が町を包んでいきます。それは今、ここに住む人たちの心のようだと思いました。

その後、お会いした大槌町出身の映画監督である大久保《おおくぼ》愉伊《ゆい》さんが「大槌町がなくしたものは、『音』。生活の営み、祭りの音、人々の声が聞こえなくなり、作業するトラックの音だけになった」と話をしてくれました。畠山さんから震災前の大槌町の写真が届きました。そこには海と空の青、山の緑、色とりどりの屋根が写っていました。「こんな美しい『色』にあふれた町だったんだ」と、きらきら光るその光景に心を奪われました。

今は「静寂と闇」に包まれているかもしれませんが、そのもやを切り抜け、「音と色」が大槌町に戻る日を、応援していきたいと思いました。

〈山田町立図書館〉

五月六日、山田町教育委員会に伺いました。ご対応いただいたのは山田町教育委員会生涯学習課の舟田春樹さん。舟田さんはこの三月に退職しましたが、今回の震災を受け、教育委員会に残ることになったそうです

山田町立図書館は役場と同じ敷地にある山田町中央コミュニティセンターの一階の一角を図書室として利用していました。町内にあった山田病院が新しく建設されることになったため、旧山田病院跡に図書館を建設する予定だったそうです。震災前の蔵書は七万冊。来るべき移転のためにと、山田町船越地区の倉庫に預けていたところ、津波に襲われ、そこに保存してあった三万冊が流出してしまいました。「教育委員会の職員や図書館員が震災関連の業務で忙殺されているため、被災した本など図書館に関連するデータのまとめ作業ができない状態です」、「この震災を受け図書館の建設の計画も先延ばしになるでしょう。五年後になるか一〇年後になるかも分かりません」と舟田さんは語ってくれました。

また、ここでも滝沢村が行っている移動図書館について話してくれました。ちょうどこの日は盛岡市に移動することになっていました。少しでもお時間をいただけないか、と思い滝

沢村に電話を入れることにしました。

移動図書館の始動に向けて

山田町から滝沢村へ三時間近くかけて移動し、滝沢村立湖山図書館に到着。岩手県滝沢村生涯学習課・公民館・湖山図書館の主任主査の村上斉《ひとし》さんが迎えてくれました。

滝沢村立湖山図書館が所有する移動図書館車「かっこう号」で、山田町と大槌町で行っている移動図書館活動についてお話を伺いました。かっこう号は、四月一四日から山田町、五月一四日から大槌町で運行と、震災後の早い時期からスタートしています。月、水、金に滝沢村の中を巡回し、その巡回スケジュールの合間を縫うような形で、火、木に被災地へ車を出していました。人員としてはドライバー一人、スタッフ一～二人、職員一人。バスの中は本も入っているので、人は最大で五人とのこと。

移動図書館は一回で六カ所巡回していますが、大体合計で三五～四五人が利用し、一三〇冊前後の本が借りられているそうです。避難所のスペースは限られているので、そこに図書室や棚を設置するのは難しい現状であり、利用者も「一回につき五冊まで借りられますが、避難所ではスペースがあまりないため大量に借りるよりも、少ない冊数を借りる方が多い」

とのこと。

「寒い日や雨の日は大変ですね」と聞くと、「いいや、外に出られない雨の日の方が利用者は多いですよ」と聞き、「なるほど」となってしまいました。

村上さんは「大切なのは、被災した地域の図書館が機能を再開すること。図書館としての自立性をどうするかを考えながら進めていきたい」としながらも「被災地の教育委員会や役所は、休みなくさまざまな業務を行っているので、現地の役所に負担をかけないように」と。同じ役場勤務、苦労は分かるかもしれません。

「被災した人が、少しでも自由な時間が持てた時に、その生活の中に本があること。本を読む時間は一人になれる時間でもあるので、そんな時を大切にしてもらいたい」。プライバシーを保つのが難しい避難所の中に住む人たちが少しでも自分の世界に入れる時間を作るお手伝いをしていきたいという思いが伝わってきました。

またシャンティが図書館の活動を行う場合、
・活動は横の広がりが必要なので、滝沢村の移動図書館の運行地、山田町や大槌町をはずさず、一緒に活動をしていきたい。

・土曜日と日曜日は、かっこう号の活動はしていないので、週末の巡回をしてはどうか。
・昼間の避難所は年配の方が多いので、落語（それも古典）が受けると思っている。若い歌手が避難所に来て歌うこともあったが、その歌手のことが分からずキョトンとするお年寄りがいた。
・避難所にしろ、仮設住宅団地にしろ、いきなり行って本を貸し始めますではなく前の週なりにしっかり代表の人、中心の人にあいさつをしておくことが大切。

など、貴重なアドバイスをいただきました。

貸出冊数、運行する際の人員などの情報は、移動図書館を実際に行う際に大変役に立ちました。


五月七日の土曜日に東京に戻った私は次の日までに現地で見聞きしたものをまとめた「出張報告書」を作成し、事業として何を行うべきかを提案しなくてはなりませんでした。

一緒に行動した市川と現地にいる時から何度も協議をし「移動図書館事業」を提案することにしました。五月一〇日に専務理事、事務局長、次長で行う執行部会で報告。そして提案書の審議を一三日に行われる会長、副会長、常務理事と執行部で行う業務執行理事会にかけなければいけませんでした。

内容は仮設住宅団地を巡回する移動図書館活動。「図書館活動と付随する活動を通して、読書の機会を提供する」ことを目標にしました。

緊急時であっても、稟議《りんぎ》を通すところは通さなければいけません。それがもどかしくもありますが、多くの人の目を通すことにより、事業へのアドバイスをもらえたり、「理解者」を増やすことができます。

できれば避難所から仮設住宅団地に移るタイミング、六月には動きだしたい。そのためにも業務執行理事会では一発で通したいという気持ちを抑えきれませんでした。以前、どういう提案が理事会を通るかという話になった時、ある理事が言いました。「結局は担当者の熱意とやる気」「熱意とやる気」もそうだけど、「思いと覚悟」という言葉が浮かんできました。岩手県への思い、かかわる覚悟。

それが通じたのか、業務執行理事会で提案はスムーズに通りました。「移動図書館だけではなく、文庫は設置しないのか」、「移動図書館活動は高齢者も対象とするのか」、「他団体と競合しないか」、「教育委員会とどのように関係性を作っていくのか」という建設的な意見もいただきました。

提案が通ることがゴールではありません。正確に言うと、スタートラインに立つことが許されただけ。

「六月の理事会までに岩手に事務所を作ること」、業務執行理事会でそう伝えられた時、身震いがしました。新しい事務所を作る。それもゼロから。事務所をどこの町に置けるかも分からない、スタッフもいない、移動図書館なのに車もない、本もない。

「六月の理事会っていつですか」と確認したところ、「六月一〇日。それまでにがんばって」という答えが返ってきました。「一カ月もない……」スケジュール帳を開きます。「まずは岩手へ」と提案をしたスタッフとしての責任がのしかかります。

カンボジアで新規事業を起こした時に学んだことは、スタートのよしあしで事業の八割が決まること。よく「初対面でその人の印象が決まる」と言われることと似ているかもしれません。またどれだけの大樹でも、見えない地面の下にどれだけしっかりと根っこを張っているかが鍵となります。そのためにも木を育む土を作っていくこと。今回、初めてなのは「期間」です。カンボジアでは事業形成に一年近くかけていました。今回、一カ月を切る中で、質の良い土を作れるのか。でもやらねばなりません。

現地で本が買えない！――書店の被害状況

海外の事業では「現場で手に入るものは、現場で」をモットーにしています。そこで活動を行う予定の陸前高田市、大船渡市、大槌町、山田町の書店の調査を行いました。

ＮＴＴ東日本のタウンページの「書店」の欄にあった書店すべてを回ることにしました。陸前高田市は、タウンページに一店のみの掲載でしたがインターネットでもう一店あることが分かったので合計二店。大船渡市はタウンページにあった八店と、調査中に一店の本屋を見つけたので合計九店に。大槌町三店、山田町二店と、合計一六店を回りました。

まずは二〇一一年六月一五日にタウンページに載っている書店に電話をかけました。通じたのは、陸前高田市は二店中〇店。大船渡市は八店中三店。大槌町は三店中〇店。山田町は二店中一店でした。次の日の六月一六日に、電話に出なかった店舗も含めて、タウンページにある住所を頼りにその場所を訪れました。

陸前高田市のブックランドいとうは、ショッピングセンターのリプルの中に入っていました。リプルの建物は跡形もなく、駐車場と看板の棒がその跡地であったことを物語っています。菅勝《かんかつ》書店も、跡地には建物自体がなく本屋だったという形跡もありません。

大船渡市でも電話で連絡が取れなかった書店は、津波で壊滅状態でした。ブックボーイ大船渡店、ブックボーイマイヤ店は、建物は残っていましたが本などは津波でさらわれたのか、建物の中は空っぽの状態でした。ブックポートネギシ地ノ森店、エビス東港堂《とうこうどう》、ブックソフトは外壁も残っていません。ブックポートネギシ地ノ森店があった場所では床のタイルに残った本棚の跡や、エビス東港堂では瓦礫の中に混じっている「教科書販売所」の看板のみがここに書店があったことを示す材料となっていました。

書店のところに載っていましたがイセキは、書店ではなく文房具のみを扱っているとのこと。また調査中に偶然見つけた今野書店は、被災を免れた商店街の中にありました。店の戸を開け、「こんにちは」と声をかけましたが、誰も出てきません、外から中を見た限りでは雑誌と文房具のみが置かれていました。

ブックボーイサンリア店とブックポートネギシ猪《い》の川《かわ》店は、丘の上にあったため被災は免れて、通常通り営業していました。両店舗とも規模が大きいため、雑誌や文庫本などトータルに品が揃っていました。

大槌町の金崎書店及び新栄書店は、建物が全壊していました。ブックボーイマスト店は、ショッピングセンターのマストの建物自体は残っているものの、内部の備品などは流出して空の状態でした。

　山田町の鈴木書店は、建物もない壊滅状態。大手書店も、建物は全壊しましたが仮設商店街である「なかよし公園商店街」に店舗を構え再開していました。仮設店舗の狭いスペースに、雑誌、漫画、小説などが置かれていました。

　二〇一一年六月に書店回りをして分かったのは陸前高田市、大船渡市、大槌町、山田町で、本屋として機能している店舗は、大船渡市のブックボーイサンリア店、ブックポートネギシ猪川店と、山田町の大手書店のみ。

　山田町の大手書店は、山田町立図書館から雑誌の注文を受けたそうで、予約をすれば雑誌の定期購入も可能。大船渡市の両店舗は規模が大きいので、同様に雑誌のオーダーや本の取り寄せも可能とのことでした。

　今後の書店の復興を考えた際、個人営業の書店が再開するかは不明。チェーン店の書店も、今後の区画整理の際に同じ場所に建物が建てられるのかも分からない状態でした。図書館だけではなく書店も被害を受けたこの地域で、読書の機会が失われていくことが危惧されました。

本は非日常から日常に戻るきっかけ

東京で「岩手県で移動図書館を行うことになりました」と言うと、「移動図書館って、本の貸し出しだろ。そんなにみんな本が読みたければ、あげたらいいいんじゃないか」という声をもらいます。中には、「本の配布をするのであれば、支援をしてもよい」というお申し出もありました。

本の配布ではなく貸し出しを行うことにしたのは、仮設住宅団地をお伺いする中で、「この部屋は狭くて物が置けないよ。料理道具だって基本的なものしか収納できないし。季節が変わるときに入れ替える服はどこに置けばいいんだろう」という声を聞いていたから。本は食べ物のように消耗品ではない中で、配布した本が居住空間のスペースを占拠してしまうものはいかがなものかと考えたからです。

この「図書館のスタイル」を応援してくれたのは岩手県のお母さん方でした。理由を聞くと「子どもを、非日常から日常に戻したいから」。子どもたちが、ただで物をもらい慣れすぎてしまうのが怖いという切実な声でした。

震災直後は食べるもの、着るものも困窮していたため、物資の配布や炊き出しは生きるためには必要だったことは事実です。現場に入ったシャンティのスタッフの二〇一一年三月一九日の記録には「釜石市とその周辺はライフラインの復旧はしていません。栗林《くりばやし》小学校には三〇〇人が身を寄せ合って寒さに耐えながら避難生活を送っています。この一週間住民自身が炊き出しを行っていますが、温かい食事をとることができたのはカップラーメンを食べた一度だけ。ここでは現在も一人一食につきおにぎり一つだけで生活をしています」とありました。

震災から三カ月がたっていましたが、ボランティアを見つけては「今日は何くれるの」と言って取り囲む子どもたちの姿を見た親たちは、「何もなくなってしまったこの町の復興には相当なパワーがいる。次世代を担う子どもたちは自分自身で何かを起こす力がなくなるのではないか」と将来を案じていました。その中で本を「もらう」のではなく「借りる」ことは、借りたものはきちんと返す、期限という約束を守る、みんなで共通に使うものは大切に扱うという、日常の生活に戻る訓練になると考えてくれたようです。

阪神・淡路大震災の報告書を読むと、神戸市の教師の言葉がありました。「ボランティアに来た人は良いことをしたと、さぞかし気持ちがよいことでしょう。震災後、子どもたちは物を粗末にするようになった。炊き出しが来ても、おいしくなければすぐに捨ててしまう。

たくさんの物資が配布されるから、たくさんもらってきてはいらないものを捨てる。ボランティアが帰った後、この子どもたちの荒れた心をもう一度直すのは、ここに残る私たちなのですよ」。

また「選べることが嬉しい」という声もありました。避難所での食べ物や着るものの配給は自分では選べないことも多々あったそうです。たくさんの本をゆっくりと眺めて、自分が好きな本、気になる本を「選べる」ことは、日常生活の中では無意識に当たり前だと思っていても、失われた時に「なんて貴重なことなんだろう」と改めて認識したという声をいただきました。

震災直後は必要だった支援も、数カ月も続くと「自分でできるのに」、「自尊心が失われていくようだ」と感じる瞬間があるそうです。本を自分で選んで借りること、借りた本を返すことは、非日常から日常に戻るきっかけとなります。そして日常を感じることは、「自分は生きていること」を実感する機会になっていきます。

事務所を探す

引っ越しを決めてアパートを探すのもひと苦労なこと。岩手で事務所を探すとなると、どうしていいのか想像がつきません。五月一三日の業務執行理事会で、六月一〇日の理事会までに事務所を作るように言われた私は五月二三日から二七日まで岩手に行き事務所探しを行うことになりました。業務執行理事会から岩手行きまで「なぜ一〇日もあいているの？」と思われるかもしれません。後で書きますがこの一〇日間、都内を飛び回り車と本を用意する交渉を重ねていました。

また岩手に行く前に、すでに現地に事務所を置いている他団体などから聞き取りを行い「あたり」を付けました。また不動産関連の交渉や契約は慎重に進めたいもの。そこでまた市川と一緒に現場に入ることになりました。

五月の頭に岩手県の沿岸部を回りましたが、事務所になりそうな場所はありません。シャンティの気仙沼事務所のように土地だけお借りしてプレハブの建物を持ってきて事務所にするアイディアもありましたが、移動図書館を行う上で「本」を置く倉庫の場所も必要な中、それはないなと思いました。

その時に、ボランティアの拠点基地となっていた遠野《とおの》市に目を向けました。沿岸部にボランティアを受け入れる施設がなかったため、「遠野まごころネット」などが宿泊所を提供し、沿岸部まで一時間の地の利を生かしてボランティアのコーディネーションをしていました。

ここに事務所を置くことでボランティアや支援団体の情報も得られると思ったのです。

ボランティアで、すでに入っている団体から教えてもらったのが「で・くらす遠野」です。こちらは、遠野市役所連携交流課が管轄しており、遠野市に移住から定住までを応援してくれます。条件を伝えるとそれに合わせた空き家物件の紹介も行ってくれるのです。東京にいる時から事業の内容を伝え、事務所スペースと倉庫が必要なことを伝えていました。

五月二四日に「で・くらす遠野」の事務所に行くと、主任がすぐにおすすめの物件に連れて行ってくれました。不動産会社の社長、大家さんも立会いの下、物件を見せてもらいました。

第一球からホームラン。「どんぴしゃ」な物件でした。そこは元縫製工場だった建物で広さが十分にあります。事務所のスペースだけではなく、本などを置く倉庫やスタッフやボランティアの宿舎となる部屋もありました。またバイパスやスーパーに歩いていける距離。遠野のボランティアセンターや市役所などにも近い場所でした。家賃も良心的な価格。

「もう、ここでいいでしょう」と即決。事務所探しは一日で終わりました。すぐに水道、電気、ガス会社と打ち合わせを行い、六月六日に事務所を開設する運びとなりました。

早く事務所が決まった分、地元のハローワークに行ってスタッフの採用について教えてもらうなどやるべきことを前倒しで行うことができました。

拠点ができたことで岩手県に根付いて仕事ができる、と安堵《あんど》しました。さあ、これから数年前に閉鎖して以来手つかずだった、この建物を「事務所」にする作業が待っています。

六月六日、事務所開設！　でもここからが勝負

六月六日、大家さんから鍵をもらいました。二階の和室は最近まで人が住んでいたので、普通に使える状態。私や事務所作りのために集まってくれたボランティアが寝泊まりする場所は必要だったので、助かりました。

問題は一階の事務所スペース作りです。工場の食堂があったところを事務所に、工場だったところに図書が三万冊程度保存できる書架を置くことにしました。数年間使われていなかった場所です。まずは掃き掃除、床磨きからスタート。そこで大活躍したのが、ボランティアで来てくれた若きお坊さんたち。永平寺《えいへいじ》で修行をしただけあり、ぞうきんがけは「プロ中のプロ」です。あまり目につかない電球を何度も何度も磨いているのも「最初の姿勢が事務所の今後を作る」と。ありがたい説法を聞いた気分でしたし、スタートが肝心と信じている私の思いにも合致しました。

床や壁磨きが終わったら、次は床にカーペットと壁に壁紙を張る作業です。これもお金をかけられなかったので業者に頼むことなく自分たちの手で行いました。おしゃれに言うと「DIY（Do It Yourself）」でしょうか。

私がカンボジアで地方事務所を一つ立ち上げた時、購入した備品等をリストにして記録していました。その名も「これであなたも事務所を作れるパッケージ」。それもあり迷うことなく備品を揃えることができました。すべて新しいものを購入するとお金がかかります。その時助けてくれたのが群馬に工場を持つ株式会社ナカダイの中台澄之《すみゆき》さん。ナカダイは、誰かが不用と判断した〝モノ〟について、『使い方を創造し、捨て方をデザインする』＝リマーケティングビジネスを展開しています。事務所が決まった直後に「これであなたも事務所を作れるパッケージ」のリストをお送りしたところ、書類棚や会議用テーブル、ソファー、キッチン用品など無償で提供してもらえることになりました。六月七日にトラックで群馬から遠野市まで運んでもらい、ボランティアとしても事務所の設置をお手伝いしてくださいました。

その他、購入する備品はシャンティ東京事務所が、いいタイミングを見計らって遠野の事務所に届くように手配してくれました。本棚七〇台、事務所用の机と椅子など約一〇〇点が六月九日に到着しました。運転手さんとボランティアが一緒に荷を下ろして、倉庫のスペースに運びます。運転手さんから「こちらに全部サインをお願いします」と分厚い紙の束を渡されました。本棚一台につき伝票が一枚！つまり一〇〇枚近い伝票ということになります。

「あ、すいません。ハンコがなくて……」と言うと、「大丈夫です。手書きのサインで。ここに苗字《みょうじ》だけで結構ですよ」と満面の笑みでこちらを見ています。

その時だけ「鎌倉」という苗字を呪《のろ》いました。手がつりそうになりながらも伝票すべてにサインをした私はこの経験を活かし、「これであなたも事務所を作れるパッケージ」の中に「シャチハタ」を加えたのは言うまでもありません。

シャンティ広報課のＷＥＢ担当も手伝いに来てくれたので、ＰＣなど電子機器の購入やネット接続も完了しました。

七〇台あった本棚もどんどんと組み立てられていきます。最後は一台五分くらいで組み立てられるようになったボランティアは職人の域に入っていました。

ボランティア活動をしていると自分の健康のことを、おざなりにしがちです。食事をカップラーメンや菓子パンなどで済ませてしまい、最後には風邪をひきやすくなるなど体調を崩すボランティアをたくさん見てきました。その中で隣の青森県に住む母親がボランティアのために毎週野菜たっぷりの手作り料理を持ってきてくれました。

　事務所に、特技を持つひとりひとりが集まり、各自が自分の持ち場で動きながらも、最後は一つの大きなパズルを完成させてくれました。

二章　読みたい本を読みたい人へ届けるために

シャンティの移動図書館プロジェクトができるまで

シャンティは日本国内で移動図書館を含め図書館関連のプロジェクトを行った経験がありません。アジアでの図書館事業にご協力いただいた個人、団体、企業も、日本で移動図書館ができるのか正直イメージが湧かなかったでしょう。私自身もカンボジア事務所にいた約八年間、図書館事業の担当をしていましたが、その経験を日本で活かせるのか想像ができませんでした。

その中でも大切にしたのは声をつむぐこと。いろいろな方の声を聞きながら形にしていく作業を心がけること。そしてシャンティが海外でも使っている「図書館を作る四つの要素」に基づいて考えること。この章では、図書館のプロジェクトに必要なリソースをどのように集めていったか、育てていったかをお伝えします。

二〇一一年六月に移動図書館を始めるために作られた「やることメモ」がありました。

●車の確保
●スタッフ、ドライバーの確定
●運行ルートの確定（人員も含め）
●運行テスト　各二回
●ワークフロー作成、スタッフによるシミュレーション
　留守を預かるスタッフの作業
　車を出さない日の作業
　出す前日、当日朝、当日帰還時、翌日の作業の流れ
　緊急時の対応など含む
●区長さん、関係者に事前のあいさつ＋チラシを渡す
●最初に車に積み込む本の選定（一五〇〇〜二〇〇〇冊）
●貸し出し台帳の打ち出し（ＰＣでやる場合はその準備）
●本以外に積むべきものの確定・手配
　机、棚がわりにもするケース、場合によっては棚など
　テント風ひさしなど

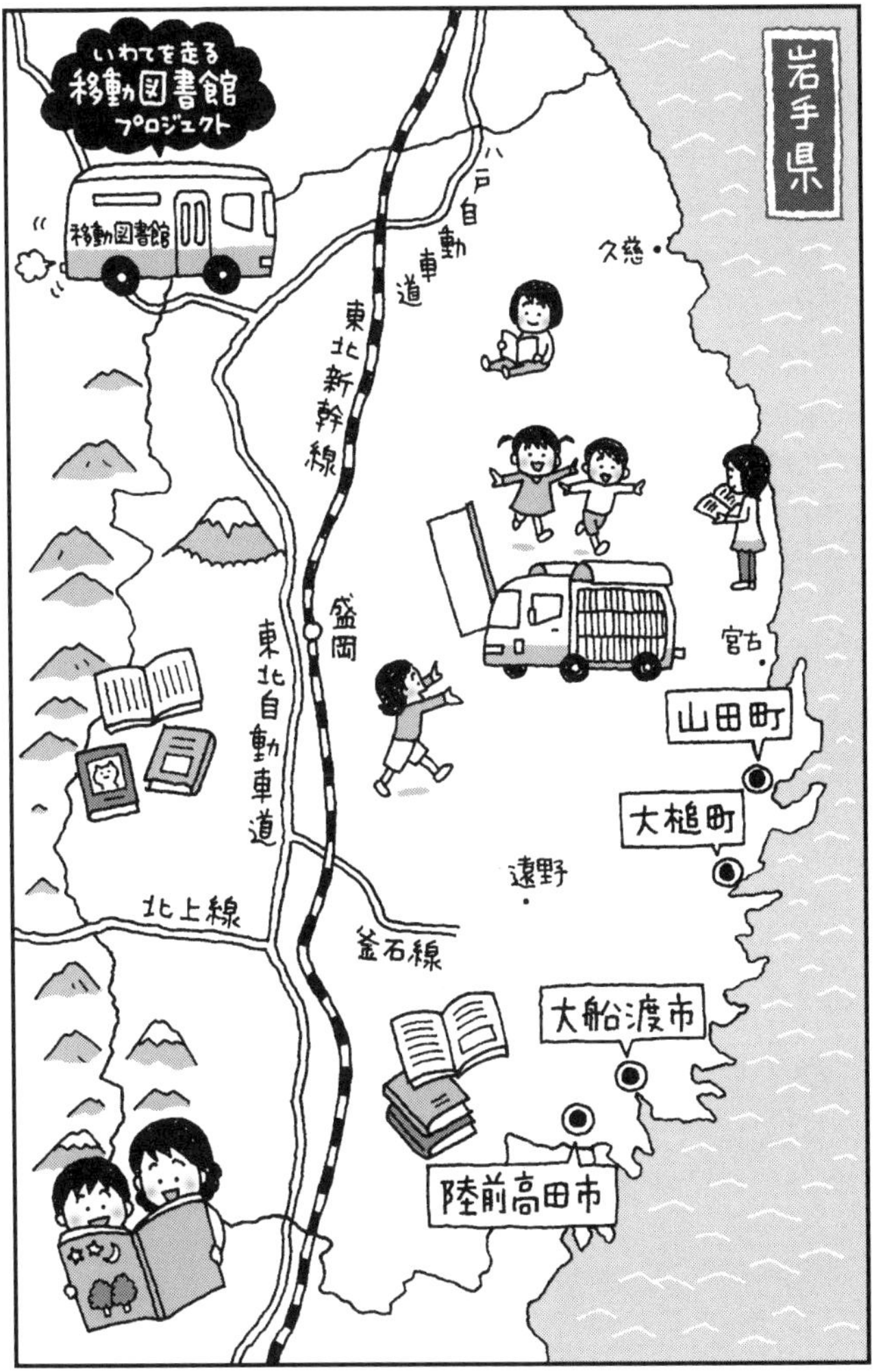

いわてを走る
移動図書館
プロジェクト
移動図書館
岩手県
八戸自動車道
東北新幹線
久慈
盛岡
宮古
山田町
大槌町
遠野
東北自動車道
北上線
釜石線
大船渡市
陸前高田市

●スタッフのユニフォーム（エプロン、名札など）
●音楽
●車に貼るマグネットシールの作成
●保険の確認

運行予定の仮設住宅団地から次の場所へ移動して時間を計ってみたり、運行のシミュレーションを実施したのですが、車を停める場所の確認はしつつも、実際に動かしてみないと分からないことがたくさんあります。ただやってみなければ分からない、と手を抜くのではなく、その場を想像し、頭の中でのシミュレーションを何度も行いました。

シャンティで「分かりません」と言えば、先輩方から返ってくる言葉は「想像しろ」。想像して、想像して、想像しぬいた先にプロジェクトが存在することを実感しました。

地元の声を聞く

移動図書館が運行をスタートする前から岩手県の沿岸部で出会った方々が、「なぜ読書か」、「なぜ図書館か」を伝えてくれました。こちらが気づき、学ばせてもらいました。その声をつむぎ、育てていくのがプロジェクトだと感じました。その声を紹介します。

子どもたちのためにも……

図書館や書店の復旧・復興の道筋がまだ何も見えなかった二〇一一年五月に聞いた図書館員の方の言葉です。「子どもたちは本を読まないと言われますが、そんなことはない。読みたい子どもはいます。また図書館として、この地域の読書推進には力を入れてきたつもりです。自分の代で、それを途絶えさせるわけにいかない。子どもたちに本を届けたい」と力強く語ってくれました。

「読書という、たすきを次の子どもたちに渡す日」が失われることなく、その日が来るまで、再度作り上げていきたいという図書館員の強い意思でした。

震災で家族を失った子どもたちの横に、いつも本がある

陸前高田《りくぜんたかた》市立図書館の跡地を訪れ、その甚大な被害を見て言葉を失っていた時です。向こうからこちらに来る人影が見えました。全国紙の新聞記者の方でした。「この建物はなんだったのですか」と聞かれたので、「市立図書館があった場所です」と答えました。

「本が見えたから、急いで車を停めました」と言いながら、瓦礫の撤去作業中に図書館に戻されたと思われる泥だらけの本をじっと眺めています。「子どもたちの横にいつも本があるので、『本』が気になって」。その記者は、震災で家族を失った子どもたちを取材していました。テレビをつけても新聞を開いても、そこに見えるのは震災の爪痕。「子どもたちにとって本を読んでる時だけが、入ってくる情報や外の世界をシャットアウトできる時間なんでしょうね」と言うと、次の取材先へ向かっていきました。

その話を児童文学に詳しい方にした時に「それは、変わらないことで安心を感じるからかもしれませんね」という意見をいただきました。昨日読んでいた本を今日開いたら内容が変わっていたということはありません。何度開いてもそのページには同じシーンがあり、同じ文字が並んでいることにホッとするというお話でした。

この「変わらないこと」について、私が岩手県立図書館で行った講演で触れたことがありました。それを聞いていた陸前高田市のスタッフから届いた感想文にそのことが触れられていました。「私自身も〝変わらない〟ということに安心感を覚えています。例えば、毎日同じラジオのジングルを聴くとか、大きな欅《けやき》の樹を見上げながら出勤するとか……。この震災は何もかもが変わり過ぎた。変わらないことの方が少な過ぎて、本の変わらなさが与える安心感は計り知れないと思います」。

また違うスタッフからも「心が痛んでいる時『本を読むと落ち着いてぐっすり眠れるのよ』という話も、実際体験しているので共感しました。震災孤児の隣には、本がいつも置かれているのを実際に見てきました。本は、癒しであり、いつもと変わらないという安心感をくれると思います。これからもみんなの笑顔がもっともっと増える活動をしていきたいです」というメールをもらいました。

五月に最初に書いた提案書の前文に「なぜ図書館か」について触れた次のような一説があります。「大人のように言葉で自分の気持ちを表現できないため、無口になっている子どもたちもいる」。

子どもたちは、現実を直視し、この悲しみや辛《つら》さを自分自身で乗り越えていかねばなりません。本が少しでも安らげる、止まり木になりますように。またそのための情報を与えてくれる媒体になりますように。そして言葉にできない自分の気持ちを表してくれる主人公と出会えますように。

地元書店の保護も図書館の役割

移動図書館をスタートするにあたり、ご挨拶に行った時、図書館員から伺った言葉です。地元の小さい書店にとって町の図書館は大切な顧客でした。津波で被害にあった中でも廃業を決めず、プレハブの仮設商店街などで店を再開させた書店がありました。図書館再開の目《め》途《ど》が立たない中、書店からの購入もできません。「数年後図書館が再開した時に、地元の書店がなくなっているのは辛いこと。地元の書店の保護も図書館の役割ですから」とおっしゃっていました。図書館と書店の共存により、地域の読書の文化が続き、花開いていくのではないでしょうか。

「現地にあるのであれば、現地で調達する」が国際協力のプロジェクトの基本です。シャンティも「救援物資を第二の災害にしてはいけない」という阪神《はんしん》・淡路《あわじ》大震災からの教訓があり、本の寄贈は原則断ってきました。中には「日本全国に『本を集めます』と呼びかけたら。新聞にも載りやすいだろうし、シャンティの認知度が上がる」というご意見もありました。しかし、会の姿勢と正反対のことを行って支援者を増やすことはできません。そのような問い合わせをいただいた時には、「現地の書店を応援したいので募金としてお寄せいただけませんか」と説明しました。またブックオフオンラインと「本を売って被災地の移動図書館を応援しよう」というプログラムを組みました。読まなくなった本をパッキングして申し込むと無料で宅配便が集荷します。査定金額にブックオフが一〇パーセント上乗せしたものが募金となります。これを利用して本の購入に充てています。

六月に事務所を開設し七月から移動図書館を開始するために二万冊程度の図書が必要だったこと、地元の書店を把握していなかったことから、最初は団体や企業などからの寄贈や東京での購入でまかないました。それ以降、利用者の皆さんから届いたリクエスト分などは地元の書店から購入しています。

微々たるものですが本を購入することで書店や、出版社など関連業界が元気になればと願ってやみません。

移動図書館は利用者との「約束」

震災前に移動図書館を行っていた自治体の方の言葉です。移動図書館は決まった曜日の決まった時間に決まった場所に行くことになっています。「いくら広報誌で運行時間の変更のお知らせをしても見ていない方もいる。『待っていたのに来なかった』という連絡が入ることもあるのです」と経験を語ってくれました。

図書館の活動はイベントではありません。常設の図書館だったら決められた時間に開館すること。移動図書館でしたら決められた日時に伺うこと。図書館とは「図書館と利用者が約束を守り続けること」で成り立っています。約束を守る繰り返しがあって「あの人たちはいつも来てくれる」という安心感、信頼感が生まれていきます。

「(東京から来た団体が)『移動図書館です』といって仮設住宅団地を訪れて、次回天気が悪いからやめた、というのはやめてください。ところでどれくらいの期間で活動をお考えですか」と聞かれました。「最低二年は続けます」と返答すると、「二年ですか。それくらいなら……。でもやめない覚悟を持ってください」と言われました。

一見きつい一言のように感じるかもしれません。しかし自分の自治体でこの活動を受け入れたそのご担当者の方にこそ覚悟を感じました。また移動図書館の運行前にこの言葉に出会い、こちらも身が引き締まる思いでした。

移動図書館がスタートした当初は、離れた場所から様子を見ているだけの方たちもいました。二〇一一年秋に発生した大型の台風の時、運行を行うかどうか悩みましたが「返却があるかもしれないし、行くだけ行こう」ということになりました。到着すると「雨だから、暇でさ。本でも読むべか」と、一斉に仮設住宅団地から人が出てきてくれました。中には初めて利用される方も。「こんな台風の時に来てくれるのかと思って」。それからも「こんな暑い時によく来たね」「大雪なのに来てくれたんだね」と東北の厳しい気候を感じる日にこそ「来ないかと思ったけど来たんだね」という言葉をもらっている気がします。

約束を守るという当たり前の連続こそ、移動図書館の基本姿勢なのかもしれません。

自治体とのやり取り

移動図書館の活動を始めるにあたり、最初にしたのが陸前高田市、大船渡《おおふなと》市、大槌町《おおつちちょう》、山田町《やまだまち》の自治体の担当者への挨拶と事業の説明です。日本での図書館事業の経験がない団体に時間をもらえるだけでもありがたかったです。

震災から一、二カ月しか経っていない時期にもかかわらずお会いすると一時間、二時間と時間を割いて話をしてくれました。それまで市町で行ってきた図書館での活動のことだけではなく、「震災前は図書館と一緒に活動をしていた読み聞かせのグループがある。今どうしているのか分からないけど、きっと復活されるだろう」と地元で読み聞かせや朗読会を行っていた団体と代表者の名前を教えてもらいました。二〇一一年には会えませんでしたが、二〇一二年に入り陸前高田市の「おはなしぺパン」さんや大船渡市の「おはなしころりん」さんと連絡を取り合い、アドバイスをいただくようになりました。またおはなし会などご一緒する機会も生まれました。

移動図書館の運行先についてもご相談しました。土地勘がないということは距離感もありません。一回の運行で本の貸し出しだけではなく、おしゃべりやお茶を楽しむスペースも作ろうと思っていたので、一カ所につき一時間程度は滞在することにしていました。その場所と次の場所の移動はどれくらいかかるかで、一日何カ所回れるかも決まってきます。もちろん実際足を運び、時間などを確認したのですが、その前に情報をもらえました。

震災前の図書館のこと、地元の小学校への団体貸し出しのこと、地元の書店のこと、利用者のことと、話は尽きません。その話を伺っていると、図書館と、その周りの風景、本を手にする利用者の方々が浮かび上がってきます。「ここら辺の人たちは本を読まないと思われていますが、そんなことはない」。一呼吸置き「だからこそ図書館を再開させたい」と力強く語られる言葉。こんな思いを持った人たちが図書館にいることは、こちらも励まされますし、一緒にお仕事をしたいという気持ちが高まりました。

別れ際に「今日は、図書館の話ができてよかったです」と笑顔を見せた沿岸部の図書館の担当者。次の瞬間「でも、今は、まだ図書館の業務は再開できないでしょう。だからよろしくお願いします」とおっしゃった一言が胸に刺さります。

私たちの活動は、なくなることがゴールです。なくなるというか、いらなくなること。本を手にする機会を途切れさせたくない、という思いからスタートするこの移動図書館の活動。復活した地元の図書館が、人々の集いの場、読書の場となる日までの、「つなぎ」のお手伝いをしたいと思いました。

その後、自治体の関係者と話をして分かったのは、震災後、本や図書館の支援で入っている民間の団体や個人と市町村の関係者との情報共有があまりされていないこと。インターネットで知りお互い気になりつつも、顔の見える関係ではないのは、悲しいことです。活動をその土地で始める団体や個人の方は、まず地元の図書館にご挨拶に伺うことをお勧めします。

図書館を作る四つの要素

一九八一年からアジアで図書館の活動を行っているシャンティでは、図書館には四つの要素があると考えています。①図書スペース、②本、③図書館員、そして④利用者です。

図書館や図書室ではなく「スペース」としているのは、建物や部屋がなくても本を読む環境は作れるから。私がカンボジアに駐在し小学校に図書室を作る仕事をしていた時、教室数の不足から図書室を作れない学校がたくさんありました。建物がなくても、校庭にある大樹の下や、学校の屋根の下、教室の後ろのスペースなど、ちょっとしたスペースさえあれば、ござを敷いて、本を入れた箱を置くことができます。青空の下で読む本も格別。また外でおはなし会を行うことで、「この学校には本があるのか」と、学校の近くを通りがかった村人たちへのPRになる。そう小学校の先生から聞いたこともあります。

日本ではさまざまなジャンルの本が手に入りますが、海外ではそうはいきません。カンボジアでは、一九七五年から七九年まで続いたポル・ポト政権下で行われた焚書《ふんしょ》政策により、本は焼かれるか、兵隊の巻き煙草《たばこ》の紙などに使われました。この政権下では、知識人階級の虐殺が行われました。知識人階級と聞いて私は大学教授や医者を思い浮かべたのですが、「鉛筆を持てるだけで、字が書け、危ない文章を回覧する可能性のある人間」として捕まったそうです。一九九一年国立図書館に残っていた図書は三〇〇〇冊程度だったと言われています。そこから本を作るにも、生存している作家を見つけるところから始めなければいけませんでした。ポル・ポト時代に芸術家の九割は亡くなっていますので、絵本の絵を描く画家が見つからず、町の看板屋に飛び込み、絵付けをお願いしたこともあります。

ミャンマー（ビルマ）難民キャンプ事務所では、二一の図書館を運営しています。図書室のサイズもほぼ一緒、置いた本は全く一緒なのに、ある図書館には外に人があふれんばかりの利用者がいるのに対し、一日の利用者が一ケタの図書館もありました。違いは図書館員の姿勢でした。利用者を温かく迎え、子どもたちにもしっかりと向き合っている図書館員がいる館は、よい読書の場、集いの場となっています。一方、利用者に向き合わず、子どもたちが来るといやな顔をしてしまう図書館員がいる図書館からは、利用者の足は遠のきます。どれだけすばらしい施設を作っても、山ほどの本を置いても、利用されるか否かは図書館員にかかっているのかもしれません。

スペースを作り、本を置いて、図書館員を配置すると「図書館」の形はできるかもしれませんが、利用者がいなければ意味をなしません。利用してもらうためにはどのような取り組みをするべきかを常に考えています。カンボジアでは小学校の図書室作りがメインの事業でしたので、読み聞かせや工作など、子どもを引きつけるプログラムを、研修会で技術指導していました。

岩手県で図書館の活動を始める時も、図書館を作る四つの要素をどのように含めていくかを考えました。

図書館がなくなってしまったところで図書スペースをどう考える？　本はどうやって調達する？　人はどうやって見つける？　そうして利用者の方が求めているサービスは？　岩手県に知り合いもいないため、「人」が一番の懸念事項でした。活動に親しんでもらえるかどうかも、スタッフにかかっていましたが、どこに適任者がいるのか、想像もつきません。金太郎飴のように同じタイプの人間を揃えるのではなく、さまざまな年代やいろんな図書館員に来てほしい。映画のように『七人の侍』がどこかから現れてくれないかと、悶々《もんもん》と考えました。

運行先を探す

二〇一一年、活動の初年度は岩手県の四市町一三カ所の仮設住宅団地にお伺いしていましたが、二〇一三年十月現在二六カ所と増加しています。また二〇一二年九月から宮城県山元《やまもと》町《ちょう》の八カ所と一〇月から福島県南相馬《みなみそうま》市の七カ所での運行もスタートしたので、現在では約四〇カ所を回っている計算となります。

移動図書館車の運行先を決めるにあたり、各自治体に相談をしました。陸前高田市は東近《ひがしおう》江《み》市からの移動図書館車の寄贈を受けていましたし、大船渡市は独自に移動図書館車を所有していました。大槌町および山田町は滝沢村の移動図書館車が運行していたので、今後の移動図書館活動の計画を聞き、ルートが重ならないように調整しました。

仮設住宅団地の名前と場所については岩手県のホームページ「応急仮設住宅の建設に係る進捗状況について」に出ていた情報を見て把握しました。その情報をもとに、まずは比較的規模の大きい五〇戸以上が建設された場所から伺いました。活動の内容を示したチラシを持ち、一カ所、一カ所仮設住宅団地に足を運び区長にご挨拶し、活動の趣旨を説明していきました。

チラシには「読みたい本が近くまでやってくる！　～七月一六日（土）移動図書館発進車発進予定！　ステーション（図書館車訪問場所）を募集します」というタイトルが大きく書かれていました。運行初日を七月一七日にしようと、場所が決まる前から決定していました。六月六日に事務所を設立してから一カ月半の七月中旬には遅くとも運行しよう、というか「せねば」と自分を追い立てていたところもあります。

またチラシには二週間に一度お訪ねすること、絵本、児童書、コミック、小説、一般書、雑誌などを用意しつつ、リクエストにも応えることなど今と変わらないルールが書かれています。一つこのチラシにあり途中変更をかけたのが「一人一度に五冊まで借りられること」。

運行を開始してから予想以上に本が貸し出されるという嬉しい悲鳴をあげたのですが、倉庫にある本の数が限られていたため一人三冊までとしました。倉庫が落ち着いてからは一人五冊までに戻しました。

また「借りるのも返すのも簡単です」という見出しの下に「係の者に借りたい本を渡すだけ。立ち読みもOKです。次の巡回時（二週間後）にお返しください」と書き記しました。本当にシンプルなので気軽に立ち寄ってくださいという願いが込められています。

二〇一一年六月二三日、大船渡市立図書館での打ち合わせの後、仮設住宅団地を訪れました。ただこの日は大雨だったということもあり、人が外にいませんでした。ノックをするのもためらわれ、その日は誰とも会えずじまいでした。このまま、運行先が見つからなかったらどうしようという不安が胸をよぎりました。

最初に運行先が決まったのは次の日の六月二四日。陸前高田市の教育委員会での打ち合わせの後、立ち寄った滝の里工業団地北側市有地でした。区長さんと会い活動の趣旨をお話ししたところ、移動図書館はよく知っているという話になりました。ここの仮設住宅団地は、それまで同じ地区に住んでいた人たちがまとまって入居できた場所。以前、皆で住んでいた地区に、陸前高田市の移動図書館の運転手がいたそうです。「でも流されてしまったよ」と、私たちの周りで話を聞いていた方が教えてくれました。区長は「同じことをしてくれる人だ。ここでやればいい」と快諾してくれました。こうして、移動図書館の運行先の一カ所目が決まったのです。

その二日後、東京にいた私に当時現地責任者だった古賀《こが》東彦《はるひこ》から陸前高田市であと三カ所が決まったというメールをもらいました。それからも古賀が他の三市町を回り運行先を決めていきました。

一台目は軽トラックを改造

二〇一一年六月に事務所を作り、七月中旬に移動図書館をスタートさせるべく本などを整えていきました。移動図書館ですので、名の通り移動しないといけません。ただ当時駐車場にあったのは、シャンティ設立当初からの支援者、浜松市の「ヌンソンサン浜松」からいただいた軽トラック一台。できない理由を考える時間があれば、やれる方法を考えよう。事務所の会議室や前にある駐車場で、軽トラックを使って何度もシミュレーションをしました。

人々が集える場所というコンセプトは最初から持っていたので、軽トラックのそばにキャンプ用のテントを広げ、長机と椅子を並べて、読書や、おしゃべり、お茶を楽しめる場を作ることにしました。このテントもアウトドアに詳しい人に聞きながら、数セット買っては試しました。移動図書館は一時間ほどの滞在です。テントを張るのにもたもたしていたら時間がもったいないということで、五分でセッティグしようということに。「図書館員というよりキャンパーだね」と冗談を言いながら練習をしました。

また六月には「のぼり」を作る話も進んでいました。移動図書館の存在やサービス内容を一目で分かるようにするにはということで、スタッフから上がったアイディアでした。「バイパス沿いのラーメン屋とか分かりやすいよね」という理由はいかがなものかと思いましたが、区長さんに運行許可を得ているとはいえ、本が積まれた得体の知れない車が「図書館車」であることを遠目に見ても分かるようにしたかったのです。のぼりは四種類作りました。団体名である「公益社団法人シャンティ国際ボランティア会」の、のぼり。あと三種類は「移動図書館車巡回中」、「本のリクエストお待ちしています」、「本が読めちゃう！　本が借りられる！」と活動の内容を示しているものでした。

テントも買った。のぼりも作った。さて問題は本をどのように置くかです。プラスチックのケースに本を入れて、机の上や荷台に並べようと考えました。またプラスチックのケースだけでは味気ないと、ホームセンターで買った棚も積んでいくことになっていました。現地責任者の古賀がプラスチックケースに実際に本を入れ、サインを置くなど色々なバージョンを試していました。悪くはないけど、もっといい手があるはずと試行錯誤を繰り返していました。

二〇一一年七月は用事があって東京に数日戻っていましたが、運行日の前日の一六日、東京から岩手に移動中、「ついに完成」のメールが古賀から入りました。阪神・淡路大震災のボランティアが、今回の初運行にも馳《は》せ参じてくれただけではなく、炎天下、軽トラックを見事に移動図書館車に作り上げてくれたのです。

移動図書館の運行先に到着後、棚やプラスチックケースを、ぽろぽろと軽トラックから取り出し、また戻す作業をしていては効率も悪い。そう思った元神戸ボランティア組の皆さんが、車の荷台に本棚を据えつけようと提案してくれて、さらにその作業をかって出てくれました。棚はがたがた道を走っても落ちないようにしっかりと固定されています。軽トラの両脇に棚が置かれていますので、その真ん中の部分は空洞になっています。ここに机、椅子、本の入ったプラスチックケース、お茶の道具、のぼり、そしてテントがコンパクトに入るようになっています。移動中や運行のない日は荷台を覆うビニールシートをかぶせて本棚が汚れるのを防ぎました。

二〇一一年一二月に本式の移動図書館車が来るまで、小さい体ながらこの車で事務所のあった遠野《とおの》と沿岸部の四市町を走り続けました。

軽トラックを移動図書館車に一日で作り変えた元神戸ボランティアの皆さんの、経験とアイディアと行動力には感動を覚えました。そしてこの移動図書館写真を見た県外の図書館員の方が「車がないとできない、本がないとできないと考えてしまうと、なかなか動き出すのをためらってしまう。その横を軽トラックが軽快に走り抜けていった感じ」と言ってくれました。本式の車がなくても、軽トラックで移動図書館車はできます。逆に小回りの利くこの車は、道の狭い場所などでは重宝するでしょう。

「ないのなら作れば」、シャンティの先輩方がよく口にする言葉です。元神戸ボランティアの皆さんも一九九九年に入職した私からするとシャンティの先輩にあたります。その言葉だけではなく、実践を見せてもらいました。

移動図書館車を作る

移動図書館車の作り方を知っていますか？　車を一台買うのだって人生の中で大きな出来事だと思います。「移動図書館車を作って」と頼まれても、何をどうして、どこに行くと移

軽トラックを改造した一台目の移動図書館車。

立ち読みも大歓迎！

動図書館車というものは完成するのか、私は想像もできませんでした。

移動図書館車を作る話は、岩手での移動図書館の事業が決まった二〇一一年五月から進んでいました。まず移動図書館車なので車が必要です。車のメーカーで震災前から関係があったのは日産自動車株式会社で、一九九八年からアジアで行っている図書館の活動に協力いただいています。五月二〇日に日産のCSRの担当の方とアポを取り、横浜にある本社に伺いました。岩手で移動図書館を行うことをお伝えし、現地で使用する移動図書館車のベース車両の寄贈のお願いをしました。結果、アトラス二台の寄贈してくれることになりました。

次は移動図書館車の製作です。日本図書館協会で埼玉県の林田製作所が移動図書館車への改造を行っていると教えてくれました。確かに『図書館雑誌』にも林田製作所の広告ページがありました。八月四日に日産自動車アトラスの一台目を林田製作所に納車しました。他の注文もあるので、六カ月はかかるという話でしたが、そこを何とかとお願いし年内に完成していただくことになりました。アトラスを移動図書館車にするための改造費はイタリアのタイヤメーカー「ピレリ」が全世界の社員から集めた募金を役立てました。

二〇一一年一二月に無事完成した移動図書館車は、岩手に旅立つ前の一二月一五日から二〇一二年一月九日まで日産自動車のグローバル本社ギャラリーで展示され、その期間中の一月六日には会場のセミナールームで移動図書館活動の報告会もさせてもらえました。こちらとしても岩手の活動をたくさんの方に知ってほしい、そして移動図書館のことや本の大切さを感じてもらいたいと願っていましたので、車両の寄贈と一緒にこのようなイベントを通じた報告の機会をもらえたのは大変ありがたいことです。

また二台目の移動図書館車も日産自動車アトラスを、アメリカの団体であるDirect Relief Internationalからの支援で改造し、二〇一二年六月から使わせてもらっています。

二回の移動図書館車の製造にあたり、何度も、何度も林田製作所にお伺いしました。「この車はバッテリーの位置がここにあるから、こうやって作業をするんだ」など、工場長が丁寧に教えてくれたので車のことを知るきっかけになりました。また書架を木製にするかどうか、サイズはどうするかはカスタマイズできることも分かりました。ベルトコンベアーでの流れ作業ではなく、職人さんが、一台一台、その自治体のオーダーに合わせて車を手作りします。日本のモノ作り職人のこだわりに触れる貴重な機会となりました。

国土交通省の移動と自動車検査・登録ガイドの「自動車の用途等の区分について」による と移動図書館車は「法令特定事業」として、定められた特種な用途に応じた設備を有する自動車として区分されます。ナンバープレートの取得のためにも「図書を搭載するための専用の書棚を有すること」、「図書を閲覧又は図書館事務を行う場所には、適当な室内照明灯を有すること」など構造要件をクリアする必要があります。本を実際積んだ状態で、検査を受けます。車の入手から製作、そして納品前の検査について、一見マニアックな一連の流れを知ることができました。

移動図書館車が三台に

二〇一一年七月に大阪府枚方《ひらかた》市立中央図書館が、移動図書館車を岩手の事業に寄贈したいという話をくれました。震災前、当会のミャンマー（ビルマ）難民キャンプ事務所に寄贈という形で進めていたそうですが、震災が起き日本で必要ならばと、こちらに回してくれることになりました。一一月二〇日、枚方市立中央図書館の職員に来てもらい陸前高田市でおはなし会や手品など、楽しい場づくりに協力していただきました。利用者と即興の掛け合いをしながら手品を披露する図書館職員を見て、関西人は誰でも芸人なのだと感心しました。

また二〇一一年九月にはメリルリンチ日本証券株式会社から連絡をもらい、マツダの新車をベースとした移動図書館車の寄贈の話をもらいました。打ち合わせに日本橋にあるオフィスにお伺いした時、「日本橋とは粋なところにあるなぁ」と思ったのと同時に、江戸時代か

どこでも図書館に！

移動図書館のそばに椅子を置き、子どもたちへ紙芝居をすることも。

ら旅の拠点である日本橋から車が出発するイメージが浮かびました。その話をご担当の方にすると賛同してくれて、一二月一二日に日本橋で移動図書館車の贈呈式を行いました。また旅立った車の到着を見届けようと、一二月二一日に今度は岩手県でも式典を行いました。

枚方市の移動図書館車は二〇一二年に新しく立ち上げた宮城県山元町の拠点に移動し、活躍しています。またメリルリンチ日本証券株式会社の車は大槌町・山田町で本を積んで元気に動き回っています。

本を揃える

移動図書館にどのような本を乗せればいいのか、貸し出しが不適当と思われるジャンルはあるのか、悩みました。

二〇一一年四月に子どもたちに読み聞かせをしている方にお話を伺った時も「絵本を選ぶのがこんなに大変だったとは」というお話をいただきました。全国から絵本の支援がその方のところにも寄せられたそうです。「皆さん、津波のことを考えてくれて、海や水が出てくる物語を避けてくれています」といった上で伝えていただいたのは子どもたちが怖いのは「水」だけではないということでした。ここは震災の日、海へ流れ出た石油タンクの油に引火し、火柱が空に届く勢いで、高く上がったそうです。子どもたちも避難していた丘から烈火の勢いで町を焼き尽くしていく様を見ていました。「だから火が出てくる絵本を怖がる子どもたちもいます。それに、家族が出てくるお話も、親族を亡くした子どもたちにとっては辛いお話になっています」火も家族についても、生活の中で情報として触れることを避けては通れません。いつかは、事実を受け止める日が来てほしいと願いつつも、どのタイミングでどの本に接してもらうかは、読み聞かせの活動を長くされている方でも迷っていました。

また沿岸部に移動図書館車を走らせていた滝沢村の担当者の方も「人が亡くなる話は辛いだろうと思って持ってきていなかったけど、サスペンス物のリクエストが来る」と言っていました。

こちらが意識して避けているものが、受け入れられていたり、逆に大丈夫と思ったものが避けられたり。またそれも人によって違ったりします。

そこで最初は、運行にお持ちする本、また運営している二カ所の図書室に置いている本は、絵本、児童書から小説、エッセー、実用書、漫画まで、年齢・性別を問わずさまざまなジャンルの本を取り揃えました。今は、地元の書店などで購入していますが、その当時はまだ再開していませんでしたので、さまざまな企業や団体から寄贈を受けたり、購入したりして用意しました。

二〇一一年六月一日のメールを読むと、運行までのタイムラインとして六月六日事務所設立、六月一三日の週に書庫の整理、六月二〇日から図書の登録。七月中旬本格始動となっていました。この時点で、事務所は決まっていたものの、車もなく、本もなく、人もいない中よく考え付いたものだと、我ながら思います。

移動図書館を始めるために最低二万冊くらいは用意する必要があるのではと考えていました。この時、移動図書館車は二台用意する予定でしたので、各移動図書館車に三、五〇〇冊くらい積むとして七、〇〇〇冊、文庫の設置などを行うかもしれないのでその分と、なおかつ運行ごとに本の入れ替えが必要、と考え最低必要と思ったのが二万冊でした。

また、被災地に届いたぼろぼろの本を見ていたので、呼びかけたら同じような本が届くだろうと予想されました。避難所で「本がかび臭くて困っている」という声を聞いていたからです。

ですので、新しい本もしくは新品同様の本をどのように入手するか、それも活動が開始する一カ月半以内に手に入れる必要がありました。

平時から関係がある所に連絡することにしました。五月二〇日にご相談に伺ったのはブックオフオンラインです。ブックオフオンラインとは二〇〇一年よりボランティア宅本便を通じてご協力をいただいており、一〇年の付き合いがありました。ブックオフでよく出ている本を中心に一、〇〇〇冊を揃えてもらいました。

シャンティも会員となっている日本図書館協会に選書のアドバイスとともに、本をどのようなルートで取り揃えるべきかを相談しに行った時に紹介されたのが、「〈大震災〉出版対策本部」です。こちらは日本書籍出版協会、日本雑誌協会、日本出版クラブと出版関係諸団体により設立された団体です。多くの出版社から供出された本を、出版対策本部がまとめ、無料で配布していました。五月三一日に初めてお会いし、活動の趣旨を説明すると、すぐに快諾。事前にどういう図書が届くのか分かるように、リストもくれました。そして六月一六日、岩手事務所に三、四〇〇冊の本が到着しました。各出版社に本の寄贈のお願いに回ろうと思っていた中で、このような仕組みを作ってくれたことは受け取る側として大変ありがたいことでした。また本に限らず、物資を送る際にはリストをまずは先方に送って確認してもらうのは最低限のルールです。〈大震災〉出版対策本部から最初にリストを提示してもらったので、そこにないジャンルの本をどう集めていこうかと考えることができました。

「ＮＩＮＪＡ　ＴＯＯＬＳ漫画寄付キャンペーン」からは、漫画を一、〇〇〇冊受け取りました。こちらは株式会社サムライファクトリーが集めた漫画を寄贈するプロジェクト。事前に内部でNGチェックを行い、津波・地震を連想させる物すべて排除するなど一冊一冊確認をしたそうです。このキャンペーンは、震災前よりつながりのあったNPOを支援する組織のスタッフが、紹介してくれました。

また絵本や児童書は、地元の岩手県で活動をしていた「3・11絵本プロジェクトいわて」から五、〇〇〇冊の寄贈を受けました。IBBY（国際児童図書評議会）やJBBY（日本国際児童図書評議会）と深い関わりのある八幡平《はちまんたい》市在住の児童図書編集者で、すえもりブックスを主宰していた末盛千枝子さんが、被災地の子どもたちへ絵本を届けるプロジェクトである「3・11絵本プロジェクトいわて」を立ち上げました。事務局は盛岡市中央公民館にありました。五月三日にお伺いした時全国から届いた二〇万点を超える本をボランティアが箱を開け、子どもたちの学年などに合わせて、丁寧に仕分けをしていました。六月二一日受け取りに行った時も、分類ごとにきちんとプラスチックケースに入れて渡していただきました。

3・11絵本プロジェクトいわての皆さまとは、この時初めてお会いしたのですが、本の仕分けのボランティアに四月に気仙沼《けせんぬま》市にボランティアで来てくれた盛岡《もりおか》市で「うすゆきそう文庫」を運営している澤口杜志さん、名古屋理恵さんも携わっているということで、この訪問に同行してもらいました。とても心強かったです。
このように、それまでのいろいろなご縁の糸をたどりながら、本を集めていきました。

大好きな本は自分のそばに、もう一冊を岩手に

地元の書店が再開する前の、二〇一一年の秋口までは「新品の本」に限定して寄贈を受ける企画を行いました。同年一〇月一二日に銀座で行った報告会と一緒に行ったのが「みんなで作る移動図書館プロジェクトｆｏｒいわて」。ただ本を送るのではなく、本で、みんなの、一人の思いをつなぐことができないかと考え企画しました。

移動図書館の活動を始めてから、本の寄贈について問い合わせをもらうことがあります。「家にある本の処分をしたいから」と言われると、処分の先が東北なのかと悲しい気持ちになりました。きっと家族や友人、大好きな人に本をプレゼントする時、その人を想いながら本屋で一冊を選ぶと思います。そして本を買った後、袋やリボンも買って、相手の喜ぶ顔を思い浮かべながらラッピングするのも楽しい時間。ただ贈るのではなく、岩手の人たちのことを気にかけて、心を寄せてもらいながら本を届けてもらいたいと願い、「親しい友達に贈るように、プレゼントしてください」と伝えました。

どの種類の本を送ればよいか、という問い合わせには「自分が大好きな本、辛い時に励まされた本、元気になれた本、思い出の本をお寄せください」と答えました。自分が好きと感じている本はきっと同じ「好き」の気持ちを共有できる人がいると信じています。「大好きな本は自分のそばに、もう一冊を岩手に」と呼びかけをしました。

また別の日には「今年のクリスマスプレゼントは、大切な人へ、そして岩手に本を贈りませんか」と題したセミナーを実施。銀座の老舗のデパートで包装担当を務めていた瀬川陽子さんを講師としてお招きし、ラッピング講座と一緒に行いました。こちらも岩手にお贈りいただく新品の本を持ってきていただき、その本を用いてラッピングの練習をしました。本のサイズはまちまちです。小説、新書、写真集、絵本などバラバラの形のものにきれいにラッピングができるのか参加者も半信半疑でした。しかし、ある「コツ」をつかめば、デパートの店員のようにどんなサイズのものでもきれいにラッピングができ、目からうろこが落ちました。これも心を寄せ、手をかけて、贈り物として届けてもらいたいという思いから出た企画でした。

イベントに参加してくれた方から「自分が気にかけている本を振り返る機会になった」という感想をいただきました。どうして本を届けようと思ったのかという源流には自分が持っている本の価値や意義、思い出があるのではないでしょうか。自分が本を通じて得た経験や感情があるからこそ、本を手に取る人が同じ気持ちになってくれたら嬉しいなと思うのでは。時間や場所を越えて思いを共有できるのも本の持つ力だと感じています。

地元書店で蔵書を買う

山田町の大手書店は、仮設テントでの再開後、二〇一二年六月に高砂《たかさご》通り商店街B棟二号という仮設商店街に移り、営業しています。

陸前高田市のブックランドいとうは、津波で社長や従業員をなくしました。社長の兄弟や親族が「遺志を継ごう」と二〇一一年四月一五日にプレハブから営業を再開。文房具の販売が中心でしたが、同年一二月一五日には竹駒地区に仮設店舗を構え書籍販売も再スタートしました。

二〇一一年一二月二二日大槌町のブックボーイマスト店に一頁堂《いちぺーじどう》書店が開店しました。オーナーの木村さんご夫妻は書店経営の経験がないものの「この町から書店が消えたらさみしい」と思い開店させたそうです。震災の年に生まれた子どもたちが高校を卒業するまでは続けようという意思をお持ちですし、それ以上も続いてほしいと願っています。

このように二〇一一年の冬になり地元の書店が再開、開店するのと同時に、本の購入も地元で行うようになりました。

二〇一二年三月一一日から四月三〇日まで、インターネット上で支援を募るサイトであるREADYFOR?を通じて「陸前高田市の空っぽの図書室を本でいっぱいにしようプロジェクト」を行いました。こちらに一万円以上支援をくださった方から自分の好きな本一冊のタイトルを教えてもらい、図書室の蔵書として置かせてもらいました。そしてそれらの本は伊東文具店から購入しました。呼びかけの途中、「本を送れませんか」という質問もいただきましたが、地元の書店が再開したことを伝え「購入することで地元の書店を支えたい」と説明しました。それに賛同される方も現れ、最終的には八六二人の方から八〇〇万円を超える支援をもらいました。うち一万円以上の方が五八八人いました。

支援の内容にも、タイミングがあります。外から物を持ち込むことで地元の店が商売できなくなるのは本末転倒です。震災後、廃業を決めずに意を決して復興したお店を買い物で応援するのも大切な支援です。

来てくれる人を想像して本を選ぶ

移動図書館車に読みたい本が見つからない場合、スタッフに声をかけてもらえれば次の運行の時にお持ちするようにしています。在庫がない場合、そのリクエストに応じて購入しています。

「借りてくれる人が、何を読みたいかを考えて本を選んでいます」と目を輝かせながら話すスタッフ。続き物を三巻まで借りた方がいれば次の運行に四巻から持っていくことはもちろん、「最近このジャンルに関心がありそうなので、この本は喜んでもらえるかな」と思いながら本を選んでいます。その本を移動図書館に持っていった時「おススメの本（時代劇）、全部借りてもいいいんだろう」と言ってもらうと「よしっ」と心の中でガッツポーズをとるそうです。

ひとりひとりを思いながら丁寧に、気持ちを込めて本を選んでいるスタッフ。思われるためにはこちらがまず思いを寄せることです。

スタッフは、自分たちで本を読むことはもちろん、出版関係の情報誌を読みながら研究をしています。シャンティが運営している大槌町のかねざわ図書室や陸前高田コミュニティー図書室に行くと「本の紹介」というスクラップブックがありました。開いてみると新聞で紹介された本に関する記事を保管していました。地元の書店の話だと「新聞の切り抜きを持って本の注文に来られる方がたくさんいますよ」と聞きました。新聞掲載から数日たつと「なんて本だったかしら」と忘れがち。「読みたいと思った本」を手に取るまでのお手伝いをしたいと思っています。

移動図書館はスタッフが大切

図書サービスは人を介して提供されるべきもの。利用者が必要な情報を得るために、読みたい本と出会うために、そして利用者同士が触れ合うために、スタッフがお手伝いをしています。スタッフにはレンガとレンガをくっつけるコンクリートのような存在であってほしい。利用者と利用者、利用者と本をつなげていくコンクリートは目には見えないかもしれませんが、その建物がどれだけ強固なのかは、つなぎの役割にかかっています。

図書館を作る四つの要素の中で一番大切なのが「人」。どんなにいい本を揃えても、立派な移動図書館車を作っても、その場にいるスタッフが不機嫌な顔で立っていたら、誰も近寄ってきてくれません。本や車が人の手によって作られた「モノ」である以上、人を介して活きるものだと信じています。

事務所の立ち上げを決めたところまではよいのですが、誰がその事務所に駐在し、現地責任者となるかを早急に考えなければいけませんでした。緊急救援時にタフでバランス感覚のある人間、そして何より「本」や「図書館」を愛してやまないスタッフに関わってほしいと思いました。

岩手に駐在する東京からのスタッフを考えた時、「本」といえばこのスタッフと思ったのが現在岩手事務所兼山元事務所長の古賀東彦です。本についても造詣が深く、平時から本に対する愛を感じていました。また二〇一〇年一二月に古賀がシャンティの事務所の地下で行った本関連のイベントにエプロン姿の古賀がいました。その姿を思い出した時、移動図書館の場に立っている古賀の姿が想像できたし、ピッタリだ、と勝手ながら判断しました。

二〇一一年五月に「ちょっと話が……」と、東京の事務所の会議室に古賀を呼び出し、岩手への赴任を打診しました。一日考えさせてほしいとのことでしたが、次の日にOKと返事をもらった時は、ほっと胸をなでおろしました。

引っ越しの準備等してもらい、二〇一一年六月一六日に岩手事務所に古賀が着任しました。その日までに事務所の机や椅子などの備品は整いましたが、プロジェクトはこの日からが本格的な組み立てとなります。事務所にスタッフは古賀と私、そして長期でボランティアとして関わってくれることになった長野の近藤光俊さんの三人。そして短期間で支えてくれるボランティア。どうすれば一回きりのイベントではなく、継続した移動図書館としてのプロジェクトとして動き出すのか、考えなければいけませんでした。ただ三人というマンパワーでは到底無理な話です。「地元でスタッフを探すこと」が次の急務となりました。

スタッフは地元で募集

一緒に活動をしてくれるスタッフを地元で採用することは計画書に入れていました。いい人が来て仲間になってほしいと願いながら。

まずはハローワークに、求人を出すことにしました。しかし数日たっても、音沙汰がありません。団体として名前も知られていない。活動もまだ行っていないので求人票にある「岩手事務所　図書館活動プログラム担当」といっても仕事内容は想像できないでしょう。いま読み返してみると担当業務もかなり固い書き方で、これを見た人はぎょっとしたことでしょう。

・岩手県事務所の事業・予算の計画立案サポート、実施
・岩手県事務所のボランティア・スタッフ及び臨時ボランティアの管理
・パートナー団体、他関係機関との調整、連携
・ご支援者対応（訪問受け入れ、助成事業対応含む）、広報対応
・関係ネットワークへの参画、協働を通じた情報共有、政策提言活動等

「岩手事務所の事業・予算の計画立案サポート、実施」を簡単にいうと「図書館の活動のこれからと、それをやるのにいくらかかるか一緒に考えようね。そこで決まった移動図書館の運行をしていきましょう」ということです。「パートナー団体、他関係機関との調整、連携」も「図書館、本、おはなし会の活動など地元でやっている団体や施設などと連絡を取り合って情報交換しようね。一緒にできることがあれば、協力しよう」となるでしょうか。「活動はかわいい感じなのに、募集要項は怖い」、そんな声が聞こえてきそうです。

この募集要項。改めて読んでみて、「自分は良かれと思ったが、他者に伝わらないものを世間に出してしまう」という広報担当として大きなミスを犯していました。もちろんハローワークなど外部に出す求人票です。ふざけて書くわけにはいきませんが、来てほしい人は誰

か、その人に伝わる文章の表現を考慮するべきでした。

その後、募集要項を出した時には、表現を変えました。


東日本大震災の被災者支援活動です。大槌町の事務所を拠点に、大槌町と山田町の仮設住宅団地において移動図書館活動をグループで行います。主な業務は以下の通り。

・運行準備、本の貸し出し、返却の受付など
・パートスタッフの管理
・支援者、関連団体との連絡・調整など

そしてこの中に「本が好きな方、歓迎」と入れました。

広報の基本として、誰に何を伝えるためにどういう表現にするかが重要です。スタッフの募集要項も、チラシやホームページに載せる文章と一緒で、常にその視点を持って外に発信していくことが大切です。

地元のスタッフを中心にと書きましたが、岩手事務所のスタッフ一〇人の中、県外からのスタッフは二人のみ。また、移動図書館車の運転手も地元出身。なのでスタッフは、ほぼ地元で構成されています。

ハローワークに求人を出しただけではなく、地元の教育委員会や自治会の代表、知り合った地元の方などにも募集要項を渡して、人材の紹介をお願いしていました。

面接は遠野市にあった事務所で行うこともあれば、こちらから陸前高田市や大槌町に出向いて行うこともありました。二〇一二年の初春、陸前高田市にあるプレハブの倉庫やまだ整備が終わっていなかった大槌町のかねざわ図書室は、暖房設備が整っていないため部屋の中は氷点下。一つの石油ストーブを皆で囲みながら行ったパートタイムスタッフの面接は忘れられません。いじめではなく本当に整っていなかっただけなのですが、皆よく逃げずに笑顔を絶やさず面接を受けてくれました。

スタッフの面接は、こちらも緊張の連続。一発勝負です。そのはずなのですが、自己紹介と応募の動機を聞いた後は、好きな本の話や図書館の思い出の話で盛り上がり、一時間近くもおしゃべりしてしまうこともありました。面接で、図書館に支えられた思い出や、「本は翼です！」とその素晴らしさを語る応募者の話に、こちらが圧倒されたこともあります。また緊張して固くなっている応募者には、なぜかこちらが「この子を支えねば」と、盛り上げるべく面接官の私と古賀で漫才状態になることもありました。

団体の行う活動が嫌いではない、など最低限の採用基準はありましたが、厳密なチェックリストを片手に、質問の回答を聞いては「いい」「悪い」を判断することはしませんでした。いろいろなジャンルの本があるように、さまざまな個性を持ったスタッフがいることが貴重なことだと考えたからです。

いろいろな絵の具を全部混ぜてしまうと黒に近い灰色になってしまいます。赤は赤だから美しく、青は青だから輝きます。赤、青、緑と色が折り重なることで一枚の名画ができるように、異なった思いを持ったスタッフが集まることで、深みのあるプロジェクトになると信じています。そして利用者、支援者、ボランティアなどたくさんの関係者が集まり生み出された「多様性」の中からこそ、新しいアイディアや価値観が生み出されていくのではないでしょうか。

そのためにも、本と人、人と人だけではなく、アイディアとアイディアをつなぎ合わせるお手伝いをするスタッフであってほしいと願っています。またそれを実践してくれていることに感謝の気持ちでいっぱいです。

また当然のことですが、地元のことは地元の人しか分からないことも多い。一番学ばせていただいているのは、私自身です。

「いわて」のスタッフたち。

大槌町かねざわ図書室。

常に「誰のためか」と問う

図書館には読書施設としてだけでなく、集いの場、情報センター、記録の保存などさまざまな機能があります。忘れてはいけないのは「それは誰のためか」という問いかけです。

誰のための読書施設か。誰のために集いの場、情報センター、アーカイブは存在するのか。おしゃれだから、かわいいから、目立つからという視点があって物を揃えると、物が目的になってしまいます。

常に「誰のためか」を問うこと。目の前の現象だけを追ったり、忙しさにかまけるとその視点がずれてしまうこともあります。気が付いたら「自分のため」と主語が入れ替っていないか日々の点検が必要です。

岩手県立図書館で講演をした後で、講演会の主催をしてくださった担当者が「図書館が存在する意味についてはひとりひとりが違う答えを持っていていい。ただその答えを持つことが自分の芯となり強くなれる」とおっしゃった言葉を思い出します。

「誰のためか」の基礎にあるのが「なぜ図書館が必要なのか」という問いかけです。なぜ人は読書が必要なのか、集いの場が必要なのか、情報が必要なのか、記録の保存が必要なのか。

この問いに向き合う毎日です。

誰でも借りられるように

「仮設住宅に住んでないけど、借りてもいいの？　散歩のコースに入れてまた来てもいい？　楽しみが増えちゃった」。そう言って本を借りていかれた方がいます。移動図書館車の運行先は仮設住宅団地となっていますが、どこに住んでいらっしゃっても借りられます。

家が残った方と家をなくした方との溝は震災当初から課題でした。避難所で行われていた炊き出しにも、家が残った方は来るのをためらわれていました。「私たちは家が残っただけよかったからね」と遠慮される方がいました。ただ電気がないガスが通っていない状況は家が残った方も一緒です。

炊き出しを行っている団体や個人は、避難所にいらっしゃる方の人数を聞いて食材を揃えたので、在宅の方が来られてもお渡しできなかったケースもありました。私も物資配布のお手伝いの時に、鍋を持って山を下ってきたおじいちゃんに会いました。炊き出しをしている団体に分けてくれるようにお願いしていましたが、すでにメインのカレーはなくなっていました。ただご飯とちょっとしたおかずは残っていたようで、それをおじいちゃんに渡している光景を見てほっとしました。支援のスピードと数の把握について、これほど考えさせられたことはありませんでした。鍋を持ってきたくても持ってこられずに我慢している方もたくさんいるはずだと思うと心が痛みました。この時期、温かいご飯が食べたくても食べられなかったのは、家が残った方だったかもしれません。

仮設住宅団地を運行先にしようと決めた時、同じ問いが頭の中を駆け巡ります。図書館や書店が被害を受けた中「本へのアクセスを失ったのは、仮設住宅団地にお住まいの方だけじゃない」。

スタッフと話し合い、決めたことは「仮設住宅団地を運行先にするけど、全員にオープンにする」。

また、特定の仮設住宅団地に行くと他の仮設住宅団地に住む方が遠慮することもあります。「ここに住んでないけど、借りていっていいですか。下の仮設住宅団地なんですよ」と尋ねて来た方もいます。

特定の仮設住宅団地に運行に行くだけでは、そのシステムをお伝えすることはできません。どうやって「知ってもらうか」スタッフで知恵を出しあいます。

その町が発行する広報誌にお知らせを載せてもらうこともあります。これは地元の教育委員会が、私たちの活動に理解、協力してくれたからできたことです。大変ありがたいです。

また地元で主催されたイベントに移動図書館車を持って参加することもあります。大槌町のJRの駅があった広場で野点《のだて》のイベントが行われた時も、移動図書館車を置かせてもらいました。お茶を待つ時間、「立ち読み」をしていただきました。今、その場に行っても駅があった形跡は全くありません。建物の撤去がされた土地には雑草が無造作に生えているだけです。移動図書館車にあった大槌町の震災前の写真集を手に取り、原野になってしまったその場所の風景と重ね合わせて見ている方がいらっしゃいました。

陸前高田コミュニティー図書室では、イベントを行う時に配達地域指定郵便でお知らせのはがきを送っています。二〇一三年の夏には、震災前の陸前高田市の写真展と地元の保育園の園児が描いた絵の展示をして、そのお知らせをしました。今まで利用したことがない方も、はがきを握りしめて図書室に来てくれました。

まずは移動図書館や図書室の存在を知ってもらうこと。そして「誰でも利用できること」をお伝えしていくことを心がけています。

ボランティアは主人公ではない

シャンティでは、スタッフの心得として先輩方から、「ボランティア触媒論」が語られています。ボランティアやスタッフは「触媒」であり、「主人公」ではありません。「触媒」という言葉を聞いてぎょっとする方もいるかもしれません。「ボランティア」と理科の実験を思わせる「触媒」という単語がくっついているこの言葉は見ただけでは意味が分からないと思います。

触媒は、化学反応において自ら変化を生じることはありません。しかし物質を活性化させ、化学反応速度を速めることを可能にします。つまり化学方程式の中には触媒は入り込む余地はありません。でも触媒が存在しない限り、化学反応はほとんど生じないのです。

活動においての主人公は、地元の方たちです。

ボランティアがもてはやされると「自分が主人公」と勘違いをし、自分に酔ってしまう人も現れるかもしれません。

アジアでの活動も、被災地においても、そこにいる人たちが本来持つ能力は変わりません。たまたま自然災害や内紛などで、その可能性を閉ざされているだけなのです。その中で能力を発揮できない状況を見て、「貧しい」とか「レベルが低い」と認識するのはおかしなこと。現場の人たちと一緒に語り、「共に生き、共に学ぶ」中で、その可能性の扉をどうやって開けるか。それを見つけ出していくことが基本的な姿勢とされています。

「媒体に徹せよ」、これを唱えながら今日も活動を行っています。

活動の四つの柱

現在岩手で行っている活動をご紹介します。また二〇一二年九月二六日から宮城県山元町で、同年一〇月二〇日より福島県南相馬市で移動図書館活動を開始しました。

〈移動図書館活動〉

一、五〇〇～二、〇〇〇冊の本や雑誌を積んだ移動図書館車で、一つの仮設住宅団地を二週間に一度のペースで訪問します。滞在時間の目安は一時間。本は一人五冊まで借りられます。本の貸し出しだけでなく、図書館車のそばにキャンプ用のタープを広げ、その下に机や椅子を並べて、「お茶のみ」や「おたのしみ」の場づくりを行います。

〈図書室の運営〉

二〇一二年二月に大槌町の金沢《かねざわ》仮設住宅団地内に「かねざわ図書室」を、同年四月に陸前高田市のオートキャンプ場モビリア仮設住宅団地内に「陸前高田コミュニティー図書室」を開設しました。仮設住宅団地および近隣にお住いの方々に開放しています。

〈文庫活動〉

大槌町の仮設住宅団地の集会場に、岩手県内の木工所で製作した本棚を設置。置き薬のように、本を定期的に入れ替え、いつも新しい、いつも楽しい本棚を目指します。集会場が開いていれば、好きな時に本を読めるのがいいところです。本を借りた時、返す時に記入する貸し出し帳は、利用者とスタッフの「交換日記」の場にもなっています。

〈地元の書店を応援〉

今回の震災では、書店も大きな被害を受けました。その中で、仮設店舗で営業を再開された書店や新たに書店を開いた方を応援しようと、新しい本は、山田町では大手書店、大槌町では一頁堂書店、大船渡市ではブックポート、陸前高田市では伊東文具店など、地元書店を中心に購入しています。

「いわてを走る！　移動図書館プロジェクト〜立ち読み、お茶のみ、おたのしみ」誕生の秘話

私たちが行っている活動や込められた思いを知り、利用してもらいたい。「風化」という言葉を耳にしますが、それを防ぐためにも被災地以外にお住まいの方に、情報の発信は欠かせません。そのためにも、見た人、聞いた人に、活動のコンセプトを分かりやすく伝えていくことが大切です。

二〇一一年六月一四日から「移動図書館のブランド構築」について岩手事務所の中で話し合いの場を持ちました。この時は、まだ移動図書館車を走らせる前。活動の実態が分からないうちによく「ブランド構築」という言葉を出してきたなと思われるかもしれません。実際、この作業を通してネーミングができた、ロゴができたという単純なものではなく、活動開始前から私たちの移動図書館に対する姿勢や思いを確認できました。

「いわてを走る！　移動図書館プロジェクト」というブランドができるまでを、これからお伝えします。

当初、理事会などに提出した資料では「岩手県における図書館事業」というプロジェクト

名がつけられていました。団体内でのやり取りはこの名前で問題はなかったのですが、運行開始を直前に控え「もっと利用者に覚えてもらえる名前にならないか」と考えていました。運行が始まって集まってくれるであろう利用者の方が「岩手県における図書館事業さん」と私たちを呼ぶとは想像できませんでした。

運行前の七月一〇日、岩手事務所にある白板を、岩手事務所の古賀、当時の図書館運行リーダーの田中明博《あきひろ》、そして私が見つめていました。ネーミングのプロではないので、一発でホームラン級の名前は浮かぶはずはありません。そこで、鍵となる言葉を白板に書いては、そこから膨らませる作業をすることになったのです。まずは地域の特徴を出そうとしたところ、「うーん、ウニとかカキですかね」と食べ物に走りがちに。大槌町出身の田中が「やっぱり大槌町と言えばひょっこりひょうたん島ですよ」と満面の笑みで提案してくれましたが、陸前高田市、大船渡市、大槌町、山田町それぞれ違う名前を付けると、食べ物になったり場所になったりと統一感がなくなり断念。「カキだって山田町だけではなく陸前高田市でも取れるので、どちらかから怒られちゃうよ」ということになりました。「大船渡市にもカキ小屋があるしね」と議論は複雑化していきます。

だったら移動図書館という活動を軸にしようと、「貸し借り」、「集まる」、「巡回する」など関連しそうな単語を並べていきました。もっとこれだというう言葉があるのではないかと、脳から汗をかきながら絞り出していた時、古賀が「走る」という動詞を出しました。「あ、前に動く感じがあっていい」。私は、ビビッと感じるものがありました。続く古賀の言葉は私たちの活動の姿勢や団体としてのミッションである「共に生き、共に学ぶ」を表現したものでした。

「走るって一人で黙々と走るのではなく、みんなで走るイメージ。早く走るときは速く、疲れた時はゆっくりでもいい、歩いたって構わないから自分のペースで前に進む。それを伴走していきたいですよね」

これにはシャンティのスタッフだけではなく、東北の地に思いを寄せてくれている人、ご協力いただいている人、ボランティアで来てくれる人、みんなが伴走者です、という願いを込めました。

私が言葉を作るときに気を付けているのが、「どこで、どんなコンセプトで、どんな活動を行っているのか」が一目で分かるようにすること。「どこで」については、「沿岸部」、「四市町の名前を併記」などいろいろな意見が出ましたが、沿岸部では何県を指しているのか分からない。「みちのく」は他県も表す言葉なので避けました。四市町をすべて表記することについては、今後他の自治体のお手伝いをするかもしれないし、我々の活動が不要になることが協力団体の最大の目標でもあり、また自治体の復興によっては期間中に活動を終了することがありえるので、避けることにしました。またどの順番で示すのかも悩みましたし、並び順について質問が出た時に「北から表記しました」など説明をしないといけない感じもしたのです。伝える側が説明にかける時間を減らし、聞く側も一発で分かるストレスフリーな状態をどう生み出すかを常に考えています。

「だったら、岩手県を表す言葉にしよう」と「岩手」、「いわて」、「ＩＷＡＴＥ」と挙げていきました。私たちの考える移動図書館の空間は、人が気兼ねなく来られる場所であってほしい、その中で「岩手を走る」と漢字が多くなると堅く感じられるのではないかという懸念が湧いてきました。そこで「いわて」と平仮名を使うことにしたのです。ちょうど二〇一一年に岩手県にある平泉《ひらいずみ》が世界遺産に登録されましたが、この時のキャンペーンも「いわて」と平仮名が使われていたので皆さんがよく目にする言葉であり、親しみを持ってくれることも期待しました。

ここまで行けばしめたもの。また「図書館という常設のものが移動するというワクワクさを感じる名前」、「年配の方が多く、すべての世代に受け入れられる名前ということでライブラリーではなく日本語表記にする」、「今後、移動図書館以外に、仮設住宅団地の集会場に文庫の設置を検討しているが、定期的に本棚の本の入れ替えを行う予定。本が移動していくことには変わりないので、この名前で大丈夫」と懸念事項を確認していきました。

そしてついに、私たちの活動の理念と、どこで何が行われているかが一目で分かる「いわてを走る！　移動図書館プロジェクト」という名前が誕生したのです。我が子の名前を付ける緊張感とワクワク感、そしてこれからプロジェクトを育てていく「親」としての責任を感じた時間でした。

次はサブタイトル作りです。こちらも一目見て、「移動図書館が来ている空間が感じられればいいよね」ということに。移動図書館の場では本の貸し出しはもちろん、その場で読んでもらいたいと思っていました。また移動図書館車の隣にはテントを張り、お茶を出すことも決まっていました。

二〇一一年は「絆《きずな》」という言葉が頻繁に使われていました。「移動図書館ではお茶も出すんです」という話をすると、「集いの場を作るのですね」、「絆ですね」と言われることが多々ありました。ただ、誰もが「いつも」誰かといたいのかというとそうではない気もします。私自身、友達と会っておしゃべりしたい日もあれば、一人で本を読みたい日もあります。

「私は、一人でいたい時、お茶がありますよ、集まっておしゃべりをしてくださいって言われたら怖くて近寄れなくなるなぁ」と言うと、古賀も「そうですよね。立ち読みも歓迎ですが、みんなでするものじゃないですしね」とつぶやきます。

ただ仮設住宅団地に住む人からは「友達が来ても、部屋が狭いのであげるのをためらう。どこかおしゃべりする場所が欲しい」という声もありました。「雑誌とか新聞をめくりながら、遊びにきた友達とワイワイするのもありだよね」と。

移動図書館の場で起こるいろいろな状況を想像していくうちに、「一人でも、複数の人でも楽しめる場所ですよ」いうことを伝えられないかという結論に至ったのです。

また形容詞は受け取る人によって意味合いが違うかもしれないので避けることにしました。「安らぎの場」とした時に、安らぎたいのではなく、ワクワクしたい、学びたいから本を読みたいと思う人もいるかもしれない。同じ本も読み方によってはハラハラする冒険ものととらえる人もいれば、ドキドキの恋愛の話ととらえる人もいる。一冊の本が作り出す世界を一つの形容詞で表せないし、それは読み手の人の心に委ねるべきではないかと考えました。

そこで一人で「立ち読み」してもいいし、みんなで「お茶のみ」してもいい。自分のその日の気持ちで「おたのしみ」くださいという願いを込め、「立ち読み　お茶のみ　おたのしみ」というスローガンを作りました。

プロジェクトの名前が決まっただけではなく、活動に込める私たちの思いや移動図書館の空間のイメージが決まり、共有された瞬間でした。この作業を通じて、七月一七日の初運行に大きな弾みをつけることができたのです。

制服はエプロン

シャンティのスタッフは緊急救援の現場でおそろいの紺色のベストを着ています。ポケットがたくさんあって便利なのですが、釣りの時にお父さんが着るようなベストは、移動図書館の場ではいかがなものかと思いました。

他の団体を見るとおそろいのジャンパーやTシャツを着ているところが多いようです。いろいろ考えましたが「図書館といえばエプロンでしょ」というところに落ち着きました。正式にロゴができたのが二〇一一年八月。それからエプロンの発注をするのですが、色については話し合いを重ねました。通常図書館員がつけているエプロンは濃い青、黒、緑など落ち着いた色が多い印象。ただ私たちのロゴは明るい黄色と赤です。黄色のエプロンは派手なのではないかと思いましたが、「見ているだけで元気になれるような衣装を」という声があり、真っ黄色のエプロンが完成しました。今でも運行の時や図書室の中でスタッフが身に着けています。

スタッフは黄色のエプロン、ボランティアはベージュのエプロンを着けています。運行中に利用者の方がスタッフとボランティアとの区別がつくようにと考え色を変えましたが、利用者にとってはスタッフ、ボランティアの違いはなく、「図書館の人」というくくりになっているはず。「いつも来る人」は黄色、「初めて来た人」はベージュを着けていると思われているかもしれません。

私が最初オーダーしたのは予算を抑えるべく右側に一つポケットがあるタイプでしたが、物を入れると右側だけが重くなり、全体的によれてしまうという意見が。二代目のエプロンは両側にポケットがあるタイプです。

スタッフが外で報告会を行う時にも、このエプロンを着けています。私も例外ではなく、移動図書館プロジェクトについて話をする時は「いわてを走る移動図書館プロジェクト」の黄色のエプロンを着けているので声をかけてください。ただワークショップの場に、このエプロンをして歩いているとお弁当屋と間違われてしまうこともあるのですが。

またエプロンのいいところはワンサイズなところ。サイズが気になる私にはありがたいアイテムでもあります。

おそろいのエコバッグで心もひとつに

活動開始当初は、本をスーパーマーケットで渡すようなビニール袋に入れて貸し出していました。二週間後に、皆さんは同じビニール袋に入れて戻してくれました。そして、またそこで借りた本を入れて持っていきます。

ごみを出さない姿勢に、こちらが感動しました。同時に、くちゃくちゃになっていくビニール袋を見て、他に代わるものはないかと考えました。

またそこまで袋を大切に使ってもらえるなら、バッグを渡しても繰り返し使ってもらえるのではないかと思いました。

そこで移動図書館用のエコバッグを作ることにしました。

岩手で使っているエコバッグは、セールスフォース・ドットコム ファンデーションが支援してくれました。資金の応援だけではなくデザインロゴのアイロンプリントもスタッフの方々がしてくれました。このように、東京などにいながらできるボランティア活動を、提案し、今後も一緒にやっていけたらと思っています。

運行日には白いエコバッグを持って待ってくれている人がいます。雨の日はわざわざ濡れないようにと、エコバッグをビニール袋に入れて持ってこられる方もいます。おそろいのバックを持っていると心も一つになるようです。

三章　本を読むこと

ここにくればまた読める

本は生活に必要な情報を伝えてくれます。自分の感情を引き出してくれる言葉を伝えてくれます。主人公に照らし合わせて、困難を乗り越える希望を与えてくれえます。安らぎを与えてくれます。

この活動を始める前に悩んだのが選書です。どんな本を図書館として揃えるべきなのか、どのように増やしていけばよいのか、手探りでした。そんな折、岩手県の図書館の方から「どんな本であっても、ニーズに合った本を提供できることが読書基盤の整備につながる」という話をもらいました。

ではどんな本が読まれ、愛され、必要とされてきたのでしょうか？

この章では、移動図書館運行時に聞いた声とともに「本」についてお話をしていきます。

移動図書館車の本棚を眺めていた人が「津波で流された本が図書館車にあった！」と声を上げました。

「大好きな作家さんの本が流されたけど、ここにこればまた読める」、「西村京太郎の本が流されました。西村京太郎の作品はすべて読んでいます。昔、読んだ本を読み返します」と言って、移動図書館を楽しみに来てくれている方もいます。

自分が選んで購入した本は、大なり小なり何かしらの思い出があるはずです。「タイトルだけ見て惹《ひ》かれて買ったら大当たり」といういい思い出もあれば、「期待外れだった」という苦い思い出まで。本の内容は思い出せなくても「大雨の中、駆け込んだ書店で予定もなかったけど買った本」、「友達が読んでいたので気になって買った本」など、買う動機やその日の天気についての印象が記憶に残っているかもしれません。

「絵本から児童書になり小説を読むようになった」と、子どもの成長を感じられる本棚。携わっていた仕事に関係する本が揃った、自分のキャリアの軌跡になっている本棚。家族の記録が詰まった本棚。

ふと、震災の前の生活を思い出す時、家にあった本棚とともに、その中に収められていた一冊一冊をエピソードとともに思い出すこともあるのではないでしょうか。その思い出の糸を手繰り寄せ「津波で流された本なんだけども、また読んでみたくなったのでメモに書いてきたんだ。よろしくお願いしますね」と紙にまとめて持ってこられた方もいました。「福澤諭吉の本を借りたい。家が津波で流される前は、福澤諭吉の語録みたいなものをトイレや廊下などに貼っていた」、自分の人生のアドバイスとなっている語録を忘れずにいたいので、それが載っている本をもう一度手にしたいという声もありました。

　時には、本との再会が悲しい思い出と一緒に訪れることもあります。「これ、震災で亡くなった娘から勧められたんだけど、読んでいなかった本です」と話してくれたお母さんがいると運行ボランティアの方が伝えてくれました。また「この本ね、一度家が火事になって、二回目は、津波に流されて、今ここでまた見つける事ができた。亡くなった主人が好きだったから、帰ったらお仏壇に置いて主人に見せようと思う」とご主人と過ごした家とご本人を思い出される方もいらっしゃいました。

　利用者の方が思い出とともに「もう一度その本に触れたい」と願った時、そばにいられる「本棚」でいたいと思います。

お母さんの心のお守りに

「育児書、ありますか」小さい、小さい赤ちゃんを抱っこしながらお母さんが本を探しているようです。

仮設住宅団地は、同じ地区の人がまとまって住んでいるところもあれば、バラバラに入居しているところもあります。そこの仮設住宅団地は、後者。震災前は三世帯一緒に住んでいた人たちも、仮設住宅団地の部屋はスペースが狭いため、家族がバラバラになるケースがあります。

震災前に通っていた産婦人科で一緒だったプレママ友も、どこにいるのか分からない。また頼れる親やご近所さんは、遠くの違う仮設住宅団地に住んでいる。

生後一〇日の赤ちゃんはお母さんの一人目の子ども。相談ができる知り合いのいない仮設住宅団地の中で初めての子育てが始まりました。そこに移動図書館の車が現れたので、本を探しにきたそうです。スタッフが自分の子育ての体験を話しながら、本を探します。その会話を聞いていた、その場にいた利用者の女性が声をかけてきました。「私も赤ちゃんを持つ母親なの！」。移動図書館のスペースで、人と人とがつながった瞬間です。

そしてスタッフが見つけた育児書は「男にも育児に参加させなさい」と説く本でした。二週間後、お母さんと一緒にお父さんも本を戻しにきました。育メンになってくれたかしら。最初の妊娠、出産は不安なもの。その上、慣れ親しんだ土地ではなく、相談相手もいない、住みなれない中でも育児はしていかねばなりません。

「育児書」が情報を伝えるだけではなく、お母さんの「そばにいる心のお守り」になり、岩手で生まれた命を守っていくお手伝いができたらと思っています。

地図を見て人を思う、町を思う

「岩手は遠いですね」と言われます。とくに今回の震災で大きな被害のあった沿岸部は、新幹線の到着駅である一関《いちのせき》や新花巻《しんはなまき》、県庁所在地の盛岡《もりおか》などから一〇〇キロほど離れており、車で二時間近くかかります。東京から盛岡まで新幹線で約三時間。合計五時間かかるので、移動だけで一日がかりです。そんなアクセス状況にもかかわらず、全国からボランティアとして馳《は》せ参じてくれた人たちがたくさんいます。炊き出しの手伝いをしていた時、「どこから来たの」と聞かれ、「仕事は東京ですが、出身は青森です。だから寒さには慣れているのですが、今年は冬が長いですね」と答えたことがあります。ボランティアも出身地を伝えると「そこ行ったことがあるよ」と昔話に花が咲いた、という話を聞きました。初めて会う方々とお話をするのは緊張するもの。その時、出身地の話は最初のとっかかりになるかもしれません。

　移動図書館に地図のリクエストが寄せられました。理由は「来てくれたボランティアさんが、どこから来たのか知りたいから」。旅行で行ったことがある町、いつか行きたいと思っていた町。そして、聞いたこともない土地から来たボランティア。「震災が起こり友人を失ったことは辛《つら》い。でも震災があって、一生出会うことがないであろう人と出会い、復興に向かって一緒に切磋《せっさ》琢磨《たくま》する友ができた」と語ってくれた人もいました。その出会いを大切にしたい、わざわざ私たちの町まで来てくれたのであれば、自分たちもボランティアが来てくれた町を探してみようと地図を開きたくなったそうです。地図に人の思いが重なった時、その土地はかけがえのない場所となります。

　また震災前の町の地図もよく手に取られる本です。「ここが前、家があった場所！」。住宅地図を見ながら震災当時の話になることも。「まさか家が流されるなんて思ってなかった。高いところから皆で下を見ながら『誰の家だべー。流れてきたー』って言ってたんだよ。そうしたら自分の家だった……」。

「毎日この町で生まれ、ずっとここにいるのに、建物が壊されて瓦礫《がれき》が撤去されると、ここに存在していたのかどうか、思い出せなくなる時がある」と大槌町《おおつちちょう》の方がおっしゃっていました。二〇一一年四月、私が初めて陸前高田《りくぜんたかた》市を訪れた時、瓦礫の先の遠くに見えた市役所も、同年七月一七日、移動図書館の初めての運行の際に黙禱《もくとう》を捧げに行った市立図書館も、瓦礫撤去された町は「何もなくなった」状態。その土地を知らない人が見ると「何もなくなった」のではなく、「何もなかった」と思われるかもしれません。

震災前の地図や写真集を借りる人たちは、今の子どもたちに町があったことを知らせたいという強い思いを持っています。「今、生まれてくる子どもたちにとって、目に映る故郷は、この何もなくなった町なのです。でもここには暮らしがあったのです」。祭りの山車《だし》を引っ張り練り歩いた町内の道、いつも笑顔を向けてくれたおばあちゃんがいた雑貨屋、学校帰りに友達と寄り道した公園。町の地図は人々の営みや過去の記録を記憶に残す役割を担っています。

習慣を取り戻すために読む

震災から二年半。「慣れてはいけない」という言葉をよく耳にするようになりました。震災前には非日常と思われる環境で暮らしている「今」が、当たり前になってはいけないという自戒の念が込められているようです。

「部屋が狭いと思ったけど、住んでいればこんなもんだって思える」と、ためいきをつきながら話すお母さん。その後、頭を横に振りながら「でも慣れてはいけない」という言葉が続きます。環境に自分の身を合わせていくのは大切なことです。ただ、長い時間で作られてきた自分の習慣が短期間で失われていくことは、違和感や、怖さもあるでしょう。

料理の本が借りられるのは、おいしいものを作りたいという理由はもちろんですが、習慣を取り戻したいという思いもありました。「避難所では作ってもらったご飯をいただいていた。温かい料理はありがたかったよ。でも三カ月料理をしなければ、その習慣はなくなってしまうんだよね」と言ったお母さんの言葉が忘れられません。何十年も家族のご飯を作ってきたお母さんも、一度、作らない環境に身を置くと、手が思うように動かなくなるそうです。もちろんそれまで住んでいた家の台所と比べ、仮設住宅団地の台所は狭く、人が二人立つとぎゅうぎゅうです。収納も少なく、使い慣れた調理道具もなくなってしまいました。なんとなく、億劫《おっくう》になりお弁当やお惣菜《そうざい》を買って済ませてしまう日も。でも「それに慣れてはいけない。もう一度ちゃんと作れるように」と料理の本を借りていかれました。

また、本や新聞をめくるのが習慣だった、という声もたくさん聞きました。「朝ご飯を作って、家族を送って、片付けて。その後、必ず本や新聞をぺらぺらとめくっていたのに」という話になった時に、まわりにいた方たちも「そうだった、そうだった。仮設住宅団地の部屋は四畳半。狭いから本が置けない。でも私も震災前は朝、必ず何かは読んでいたよ……というかめくっていただけかもしれないけど」と笑いながらおっしゃっていました。夏物から冬物の衣類や布団、生活用品など置くだけで手狭になる。寝るスペースを作るために、机を毎晩、玄関前に移動させながらの生活。「家が狭いから、本は買えないけど、借りているから、朝、ぺらぺらめくってるよ」とジェスチャーまじりに話をしてくれるお母さん。

イギリスの詩人であるドライデンは「はじめは人が習慣を作り、それから習慣が人を作る」という言葉を残しています。毎日の積み重ねで培ってきた習慣を忘れてはいけない、「慣れてはいけない」という思いを持って、本をお探しいただいています。

切り開くために読む

「初めてのことばかりだ。まだいろいろな調整が次々にあり……。本は読む気にはなれない」。移動図書館活動当初の二〇一一年の夏、ある仮設住宅団地の自治会長さんがつぶやきました。バラバラの地域に住んでいた人たちが集まった仮設住宅団地では、誰が自治会長に向いているかも分かりません。そして推薦などされて会長になると、行政とのやり取りや支援団体の調整など、今までやったことのない業務が次々とふってきます。移動図書館車でお伺いした時、利用者の方たちの向こうに、忙しそうに飛び回る会長の姿が目に入りました。

夏が去り、秋が来て、そろそろ冬の訪れを感じる、ある運行日。移動図書館の場に自治会長の姿がありました。「なんとか落ち着いてきた。やっと本を読む気になった」と言いながら本を選んでいます。「いろいろな町に住んでいた人たちがここに集まった。だから大変なこともあるが、皆が心を一つしていけるように、会長としてがんばっていきたい」。本棚を見ながら、決意を語ります。「いつ土地が用意され、ここから移れるかは分からない。その時が来たら、『ここの住民で町を作りたい』と、皆に声を上げてもらえたらいいな」。

そして借りていった本は『項羽《こうう》と劉邦《りゅうほう》』（司馬遼太郎《しばりょうたろう》著）という、歴史物。一〇〇〇年に一度と言われる未曾有《みぞう》の被害をもたらした震災からの復興はまさに歴史を変える出来事でした。「昔から歴史物は好きだった。今、改めて読みたくなった。先人が歴史をどう切り開いていったかを知るために」。

二〇一一年一二月、移動図書館車の中の本を見て「あ、『はやぶさ』の本がある」と手に取っていた方がいました。二〇〇三年、太陽系誕生の謎を探るべく、小惑星からのサンプルを採取するために打ち上げられた「はやぶさ」が、帰還。エンジン停止や音信不通などのトラブルが相次ぎ帰還が危ぶまれましたが、二〇一〇年六月に無事にミッションを終え七年ぶりに地球に戻ってきました。世界初の小惑星から物質を持ち帰った探査機。その快挙は日本中に感動をもたらしました。その成功の裏に、多くの人の計り知れない努力と苦労があったことは、容易に想像がつきます。

その本を手に取ったのは大槌町の碇川《いかりがわ》豊《ゆたか》町長。大槌町は、二〇一二年一二月末時点で死者・行方不明者一二五四人。人口に対する死者・行方不明者数の割合が八・四二%と、大きな被害を受けた自治体です。当時の町長をはじめ自治体職員四〇人が死亡もしくは行方不明になり、二割以上の職員を失った中で取り組む町の再建。その旗振り役を担う町長は「はやぶさ」の表紙をじっと見つめながら、何を思っていたのでしょうか。

歴史や困難を乗り越えて達成した偉業を記した本。先の見えない中、背中を押し、過去から学び今後を考えるきっかけになっているのではないでしょうか。

新しい「山での生活」のために

海のそばで生活していた人たちが住む仮設住宅団地は、津波の被害がなかった高台に作られています。「山の下にあるバス停まで、歩いて二六分かかるよ」、「あんたは足が速いからいいよ。私は三〇分以上かかる」、「免許を持っていないからね」と、おばさんたちが本を手にしながら井戸端会議をしています。移動図書館で伺う、この仮設住宅団地は、平地から距離があるだけではなく、道中に急な坂があります。

生まれて初めての山の中の生活は、戸惑うことも多いと言います。沿岸から二〇キロ近く入ったところにある仮設住宅団地では、今まで慣れ親しんだ「海の生活」を感じることは難しいでしょう。

「だから鳥の本を読むの」というお母さん。「海にいる以外の鳥で知っているのはスズメとカラスくらいだった」と笑いながら話をしてくれました。「ここにいると、山から、いろんな種類の鳥の声が聞こえるんだよ」、「鳥ならいいよ。ここにいるとハクビシンとか、ヘビとか、クマもいるからね。夜に山にクマがいても、ここら辺は暗いだろ。人かクマか分からないよ。怖いね」。日によっては、クマ注意のお知らせが放送されるそうです。「本当にここは、夜になると真っ暗。街灯を駐車場のところに一つでもつけてくれたらいいのに」、「足が悪いから、暗い道で転ばないか心配」、「もうここに移ってから二年以上もたつし、無理だろうね」と、本から始まった会話から、仮設住宅団地が抱えている問題が見えてきます。

また、「山の中の散歩なんて今までしたことがなかった」と、山菜やキノコ、野草、山歩きなどの本も借りられていくこともあります。

「川釣りの本がないね。六月一日から川止めなんだ」。それまで海で釣りをされてきた方。場所は海から川へ変わりますが、釣りは続けたいと思っているようです。

本は、生活を支える情報を伝えるツールです。人は環境を変えたり、人生の選択を迫られる時、本を読んで、先人の生き方から学んだり、現在の状況を把握しながら、必要な選択をしていきます。今回の震災では、自分で移り住みたい場所を選ぶこともできずに、避難所から決められた仮設住宅団地へ移り住んだ人々もいます。それでも、生活をしていかなければいけない中に、少しでも生活に潤いを届けていきたい、と私たちは思っています。

「これからも住んでいた土地が恋しくなるだろう。でも、当分は山での生活を余儀なくされる。それを悲観するのではなく、山での生活が楽しいと思わせてくれる本を置いた方がいい」。二〇一一年秋、図書館創設家と呼ばれ、NPO法人地域資料デジタル化研究会の理事長の小林是綱《ぜこう》さんに、選書のアドバイスとしていただいた言葉です。それを聞いた時、人々の「今」だけではなく、「未来」も考えて選書をしていくことが重要だと感じました。

今後、仮設住宅団地から高台にできる公営住宅に移るかもしれないし、経済力がある人は家を建てるかもしれない。こうした「住まい」について考えた時、今後必要となる情報は何でしょう。図書館の仕事は本の貸し出しだけではなく、人々の今はもちろん、未来を創ること、未来を生きることを支える黒子だと考えています。

東日本大震災関連の本

二〇一一年はほとんど聞かれなかったのですが、二〇一二年三月、一年を過ぎたころから震災関連の本へのリクエストも届くようになりました。

二〇一二年四月の移動図書館でも「震災の本はまだ読みたくない。昔の陸中海岸の本はいいね」とおっしゃる方もあれば、「震災の本を全部借りてこいって言われました」と言う声も。同じ町での運行なのに意見は分かれます。

本をリクエストする理由として「何が起こったのか知りたい」と言う声がありました。震災直後、停電が続く中、怖くて海には近づけず、避難所でずっとラジオを聞いて過ごした方々。「最初は、『赤浜が壊滅』などと地域の被害状況が流れていた。でも徐々に支援物資に関する情報になった。結局、自分の地域がどこまで被害にあったのか知らないことが多い」、「津波で町が流された。津波の力は強い、と言われるし、今回でそれを体験したが、『どうして津波がそんな力を持つのか』分からないので知りたい」と。

　自分の地域がどうなったのか知りたいという思いから「山田《やまだ》町《まち》大沢の津波の本が見たい。俺、そこの出身だから」と自分に縁《ゆかり》のある地域の本をピンポイントで探している方もいました。

　一九七三年に山田町ユネスコ協会が出版した『山田の津波』という、明治三陸大津波の体験を中心として書かれた本があります。津波の様子やどこに避難したかなど、明治三陸大津波を経験しご生存されていた方から当時の様子を聞き取りし、一九七三年に書き記したものです。この本を寄贈いただき置いたところ「山田の昔の津波の本、読んでみようかな」と手に取ってくれる人たちがたくさんいました。「この本で明治の津波のことを知ることができた。本当に今回の津波と似ていることが分かった。この本の中に知っているおじいさんが出てきた。そのおじいさんの経験を聞くことができてうれしい」と、延長を申し出て再度借りていかれた方もいました。今回は一〇〇〇年に一度の大津波と言われていますが、有史以来、三陸沿岸は幾多の津波に襲われました。特に被害の大きかったのが山田町で死者一〇〇〇人余りを出した八六九年の貞観《じょうがん》十一年大津波、一六一一年慶長《けいちょう》十六年大津波、一八九六年明治三陸大津波、そうして一九三三年昭和三陸大津波です。過去の記録を見て、何が違うのか、何が一緒なのか、何ができたのかを考えるきっかけを本が作っていました。

また東日本大震災関連の本ではなく小説などを読んで、震災が起こったあの日のことを思い出す方もいらっしゃいます。『黄泉《よみ》がえり』（梶尾《かじお》真治《しんじ》著）の話になり「また会えるなら、死んだ人に会いたいね」とつぶやく方もいらっしゃいました。

大槌町のスタッフが思い出に残った本として『遺体』（石井光太《こうた》著）を上げていました。その話になった時、「隣の釜石市の話だし、本当のことなので読めました」と言っていました。また利用者の中には「娘が学校から帰ってくるのを待っている間、本でも選んでみようかな。『遺体』はよい本だったよ！」とおっしゃる方がいる半面、「『遺体』という本、とても読めなかった。震災の時、目の前で屋根や瓦礫に押しつぶされて死んでいく老人たちを見た。今でも目に焼き付いていて離れない。忘れることはない。辛い」と悲しい記憶を思い出してしまう方もいます。

山田町でも、宮古《みやこ》市よりの山の中にある豊間根《とよまね》の仮設住宅団地に住む方が「ここは不便だけど山田町の風景を見ないことだけが、いいこと」と言ったり、大船渡《おおふなと》市では「隣の（陸前）高田に行くと心が折れるよ。だって、町がなくなったんだもの」と言ったりという声を聞くと、町自体をまだ見たくない方もいるのです。

震災関連の本をどのように揃えて置くかは、今でも議論になっています。積極的には勧めず、保管はしておく。聞かれたら取り出す形で今は進めています。

仮設住宅団地で暮らす

「津波の後、火事で家が焼けた。家がないのはやっぱり辛い」。仮設住宅団地は仮設であり自分の持ち家ではありません。「中学校の校庭に立っているから、ずっといるわけにいかないんですよ」と、いつかそこを出なければいけない日が来ることを危惧しています。またそのタイミングが「いつなのか分からない」のでさらに不安が募ります。

二〇一三年四月二日、厚生労働省から「東日本大震災に係る応急仮設住宅の供与期間の延長について（制度周知）」が発表されました。現行の制度では仮設住宅の提供期間は原則二年とされ、恒久住宅の整備状況等、地域の復興状況に応じて期間を延長できる制度となっています。しかし災害公営住宅などの整備に、なお時間を要する状況にあることから、原則として一律一年間延長し、三年間となりました。また、地域によって復興状況が違うことから、今後は仮設住宅の居住期間を、自治体の判断で延長できることになりました。

岩手県のホームページにある「災害公営住宅の整備状況について」を見ると、建設予定の一六五カ所のうち完成したのは一〇カ所（二〇一三年一一月二一日時点）。災害公営住宅の建設完成は二〇一六年度になる予定です。二〇一二年にパシフィコ横浜で行われた図書館総合展で陸前高田市教育委員会教育次長の金賢治さんが「災害公営住宅の説明会をした時、まだ三年もかかると聞いた市民が一斉にため息をついた。その瞬間『魂』が落ちたのを感じた」とおっしゃっていました。金さんにはシャンティが運営している陸前高田コミュニティー図書室の開所式にもご参列いただき、図書館に求めることについて、お話をいただきました。それは「陸前高田市が失ったもの。それは『空間』です。家だけではなく、公共施設である図書館も、博物館も、体育館もなくなりました。この図書室に望むことは『子どもが夢を作り、大人が夢を語る場所』となること」という話でした。

住むところがあるだけでもありがたいと聞きますが、仮設住宅団地は決して快適な広さとは言えません。「七人で三Kに入っているので窮屈だった。今は二軒に分かれて住むようになったけど、家族と離れていると寂しいね」と広く使える分、家族と離れ離れになった人。「早くここから出たい。四畳半に子ども二人と私たちの四人で寝ていて狭いんだよ。早く子ども部屋に寝かせてあげたい」と言う声も。仮設住宅団地から最初に完成した公営住宅団地に移った人の話をするお母さん方も「あの人、本家だったからね。親戚とかがお盆とかお参りに来たいって言ってもここでは四畳半での生活だろ。そこに仏壇はあるけど、それと同じくらいの寝るスペースしかなかったよね。あまりにも狭すぎて家にあげるのをためらっていた。少しだけど広いところに、あの人は移れてよかったよ。これで気兼ねなく人を家にあげられるようになったね」と友達を思い、「よかった」と安堵の声を上げていました。

狭い部屋でいかに生活するかは深刻な問題。その中で、片づけコンサルタントである近藤麻理恵さんなど実用カリスマの方の本は大人気です。移動図書館が始まった二〇一一年の夏から収納の本が人気でしたが、近藤さんの『人生がときめく片づけの魔法』がテレビで紹介されてからは順番待ちで借りられていきました。

利用者の方といつも接しているスタッフは「狭い仮設住宅の部屋では収納ができないのでなかなか片づかないという声もありますが、収納だけではなく『ありがとう』と感謝しながら捨てる勇気が欲しかったようですよ」と話をしてくれました。「断捨離《だんしゃり》」もお母さん方の流行語になっていました。

岩手県の災害公営住宅の整備状況	
完成予定（年度）	予定地数
2012 年	5
2013 年	37
2014 年	63
2014 ～ 15 年	2
2014 ～ 16 年	1
2015 年	45
2016 年	12

どこに住むか

仮設住宅団地に住んでいる皆さんの一番の関心ごとは「どこに住むか」です。災害公営住宅ができるのを待ってそこに住むか、津波で被害にあった家をリフォームするか、新しいところに建てるか。その選択肢の中から選ぶのは、結局は自分自身。高台移転などもなかなか話が進まず半壊した家をリフォームしたり、建て直す方も。「高台移転じゃなく、家を直すことにしました。やっぱりお金かかりますね。それに津波注意報が出ると逃げるのが大変」。

いつになるか分からない仮設住宅団地の閉鎖。その前に家を建てたりリフォームして引っ越しをされる方がいます。移動図書館の場所でも、「○○さん、引っ越したらしいよ。家を建てたみたい」、「あそこなら津波の心配いらないね」という会話が聞かれます。選挙の後は「消費税が上がる前に新築の契約をしないと」と焦りの声も聞かれました。

家を建て始めた方も「前みたいな家じゃなく、小さい家建てるから恥ずかしいんだけどね」と言いつつも「だって、また流されるかもしれないからさ」という言葉が続きます。「震災で夫を亡くして、ここにいるのが嫌になって娘のいる盛岡に行ったんだけど、やっぱりここに帰ってきちゃった」。内陸部の北上市に娘さんがいる女性は「やっぱりここがよい。

だから仮設住宅だけど住んでいる」と、住み慣れた故郷は離れがたいと思う方もいます。

そんな中、住まいに関する本が借りられていくようになりました。「まだ家は建てられないと思う。いつか建てるときのために借りたい」、「本格的に家のこと、勉強しないとね」と、しっかりとリサーチをしたいそうです。

誰と住むのかによって家のデザインも変わってきます。ご両親も一緒に住むのでしょうか、「今度建てるのは平屋になると思う。高齢者にやさしい家づくりの本があれば助かる」という声も。「間取りの本ありますか」という問い合わせも多く、人に丸投げせずに、自分たちの意思をきちんと形にしようとしています。

「船の借金もあるけど、家も建てないといけないし」と経済的な負担ものしかかります。そのため住宅ローンや法律に関する情報が載った本が読みたいという声もあります。

デザインもそうだけど運勢も気になるのでしょうか、「風水の本」をリクエストされた方もいました。

「家に関する本は何でも欲しい」、「今日も家づくりの本を借りにきました。遠慮なく五冊借りていきますね」と、一冊ではなくまとめて借りていかれる方がたくさんいます。ある限りの資料を拡げて比較しながら、家づくりを考えていきたいのでしょう。

ふと、図書館で子どもの名前を付ける本がまとめて借りられる話を聞いたことを思い出しました。子どもの名前は親がその子に託す未来へのメッセージ。子どもは自分で名前を選べません。親が、どんな子どもに育ってほしいかを思い描きながら大切に決めていきます。本屋に行って名前の付け方の本を全部買うのは大変なので、図書館でまとめて借りていかれるとか。家を建てるのも一世一代の大仕事。本を読んで役立ててもらえればと思います。

二〇一二年に入ると、引っ越しをされる方の姿も、多く見られるようになりました。「来週中にここから引っ越すことになったのよ。移動図書館のスタッフと会えなくなるね。寂しいからここまで会いに来ちゃおうかな」。ぜひ、会いに来てください。貸し出しカードはそのままご利用いただけます。

「公営住宅ができるから、ほとんどの人が一緒に行くんですよ。できたらそこに移動図書館が来てほしいな」と言う声ももらうようになりました。徐々にですが公営住宅ができています。

公営住宅に来てほしいという声とともに「人が来なくなったら移動図書館は来なくなるんですか。楽しみにしているから来なくなったらいやだなと思って」と言う声も。人の動きと一緒に、運行をどうしていくかを考える時期に来ています。

「今日もここから引っ越す人がいる。昨日までいた人がいなくなるのは寂しい気持ちになる」。仮設住宅団地から出る人がいれば、出られない人もいます。最初の年は「みんなでがんばろう」と思っていても、一人一人と出ていくと、孤独感に苛《さいな》まれることも増えてきます。阪神《はんしん》・淡路《あわじ》大震災の際、神戸に入っていたスタッフからの「二年、三年後に、町全体がブラックホールに飲み込まれる瞬間がある」という言葉を思い出します。遅々として進まない復興、生活への不満から、張っていた心の糸が切れてしまう瞬間があると言います。

役場の説明会に行った男性が、流された家のあたりが居住区に指定されているから、そこにまた家を建てられるという話をされていました。「でも土地のかさ上げして、区画整理してからだから、あと一〇年はかかると言われて。先が見えないから悩んでいる」と胸の内を話してくれました。「どこに住むか」を全員が決めて、その場に落ち着くまでにはどれくらいかかるのでしょうか。

東北のまだ続く復興の道のりについて、これからも心に留めていただければ幸いです。

飛ぶように借りられる料理の本

震災直後は、今まであったスーパーなども再開しておらず、プレハブでできた小さなスーパーや移動販売車などに頼っていました。手に入る野菜なども限られます。その中でも「食事は家族の絆《きずな》」とがんばるお母さんの姿がありました。「この一本のにんじんを使い倒します！　にんじんを使ったレシピを知りたい」と本を借りにこられたお母さんがいました。にんじん、玉ねぎ、じゃがいも。この手に入りやすい三種の野菜こそ三種の神器。スーパーにこれらの野菜が並んだ時には、輝いて見えました。また当初、緑の野菜はなかなか手に入らず、そんな野菜を見た時も感動しました。

仮設住宅団地のキッチンは狭く、置ける調理道具も限られてしまいます。調味料や野菜なども置く場所に困ってしまいます。「魚をここでさばくのは大変だから、浜まで行って新聞紙広げてさばくのよ。鳥が寄ってくるから内臓あげるとよいよ」というワイルドなアドバイスも。ただやはり魚料理など手の込んだものを作るのをあきらめている方もいらっしゃいます。「限られた食材とスペースで作れる食事の本」がキーワード。そんな料理の本が人気あります。お母さん方の井戸端会議で料理の本を選ぶポイントを聞いたら、声を揃えて上がってきた答えは「簡単、シンプル、すぐできる！」

『キユーピーのマヨネーズレシピ』（キユーピー株式会社監修）、『S&B本生 生しょうがたっぷりレシピ――チューブタイプだから簡単便利！』（エスビー食品株式会社監修）、『おかめちゃんの栄養たっぷり納豆レシピ――社員だけが知っている75品』（タカノフーズ株式会社監修）など、最近企業が出しているレシピ集は「こんな使い方もあるのね」とお母さん方をうならせています。

　車が流された方、免許を持っていない方は買い物に行くのも一苦労。巡回バスも出ていますが本数が少なく、また遠いバス停まで行くのが大変、という声もあります。移動販売車も来ますが、毎日来るわけではないので、他に何か用事があるとその日に買うことができません。そこで借りていかれるのが保存食の本です。手に入れた食材をどうやって長く持たせるかを考えています。ただ保存食はどうしても塩分が高くなりがちなので、躊躇《ちゅうちょ》する方も。だからこそ保存のきくにんじん、玉ねぎ、じゃがいもが重宝するのかもしれません。

　余談ですが、シャンティのアフガニスタン事務所のスタッフ山本英里《えり》が日本から持って行った料理の本も、じゃがいもと玉ねぎを使ったレシピ本。本人曰《いわ》く「手に入るのはこれらの野菜。どう使うかをいつも考えている」。私がカンボジアで仕事をしていた時も、使い方のわからない香草の隣に、おなじみのにんじん、玉ねぎ、じゃがいもを発見した時は「これで生きていける」と思いました。この三種類の野菜を使いこなせれば、世界中で生活していけます。

　健康も気になります。一軒家に住んでいた時は掃除などで体を動かしていましたが、狭い部屋の中にいるだけでは運動にならない。「ここに来てから五キロも体重が増えた。ダイエットをしなければ」と料理の本と一緒に、部屋でできるヨガやストレッチなどの本を借りられる方もいます。

「『体脂肪計タニタの社員食堂』(タニタ著)ありますか」と本を探しにこられた同年代の女性と立ち話になりました。「震災前はウォーキングをしていたんですよ。でも、ここは夜になると街灯がないから、真っ暗。それにちょっと坂を下ると瓦礫の置き場になってるでしょ。女性一人で夕方にウォーキングするのが怖くて。だから食事で調整するしかないんです」と話をしてくれました。

「痩せる本はたくさんあるのに、何で太る本ってないのかしら。痩せているおばあちゃんの悩みだよ」と言う声も。確かに「健康的に痩せる本」と一緒に「健康的に太る本」があってもよいですね。

またお昼のお弁当にも気合が入ります。「明日、お父さんの弁当に何を入れてやろうかと思い、料理の本を借りていきます」お弁当は「午前中お疲れさま。あと半日がんばって」を伝えるメッセージです。「女の子のお弁当の本が見たい。盛り付けとか参考にしたい」とお子さん向けのお弁当の本も借りられていきます。一方、デコ弁をどう作るかという話で盛り上がりながらも、「給食センターを作る話がありましたが震災でだめになったようですね」と話してくれました。食べ物の話から、町の状況が見えることもあります。

「妻が入院していたんだけど六月に亡くなって一人暮らし。皆がきゅうりとかキャベツを持ってきてくれるんだ」という男性がいました。一人になると、食事を作るのも面倒と感じるようです。特に料理をあまりしてこなかった男性ならなおさら。食事は、移動販売車などのお惣菜を買って、すませているそうです。

二〇一一年活動開始当初は「たくさんの団体が家をノックする。チラシもたくさん入って大変」という話を聞いていました。一年が経ち、二年が経ち、仮設住宅団地から人が出ていく一方、一人で残っている方もいます。今だからこそ、ノックをするタイミングなのかもしれません。

「『こまったさん』（寺村輝夫《てらむらてるお》作、岡本颯子《おかもとさつこ》絵）、『わかったさん』（寺村輝夫作、永井郁子《ながいいくこ》絵）、懐かしいわ」と手に取って声を上げるお母さん。「子どもがお菓子を作りたがってね。作り方が載っているから、まねしたものよね」と昔を思い出していました。

絵本の中に出てくる食べ物は子どもの心をがっちりつかみます。

『ぐりとぐら』（中川李枝子《なかがわりえこ》作、大村百合子《おおむらゆりこ》絵）のカステラは子どもたちにとって永遠の憧れです。二〇一三年のある日、陸前高田市立図書館の館長さんが、『ぐりとぐら』のイベントが盛りあがったと教えてくれました。その話を聞いた時、「あのカステラ！　子どもの時にときめきましたよ」と思わず叫んだら、「ふふふ。作ったんですよ」と教えてくれました。子どもたちで粉を混ぜ、卵を割ってカステラ作りをしたそうです。外に設置された大きなフライパンで、カステラを焼いている写真も見せてもらいました。もちろんそれをおいしそうに食べる子どもたちの様子も。『ぐりとぐら』は今年五〇周年。長く愛されています。

親から子へ、子から孫へと受け継がれる絵本は世代を超えて、そのワクワク感を共有することができます。

ミャンマー（ビルマ）難民キャンプの中に、シャンティが運営している図書館があります。そこに住む男の子に好きな本を聞くと『ぐりとぐら』という返事が。どこが好きなのと聞くと、カステラができる前、森に住む動物たちが集まってできるのを待っているシーンでした。理由を聞くと「みんな、一緒がいい」。村が焼打ちにあい、ミャンマーを逃れ隣国・タイにある難民キャンプに家族全員が移り住んだのですが、お兄さんとお姉さんはアメリカに第三国定住してしまったそうです。バラバラになってしまった家族。難民キャンプに残された両親と自分。でもいつの日か、国に平和が訪れ、家族一緒に祖国であるミャンマーに帰りたいと願いが込められていました。

今回の震災でも、それまで一緒に住んでいたのにバラバラになった家族がいます。絵本に出ている食べ物がおいしそうなのはもちろん、作った人、食べる人、周りにいる人が「一緒」にいる。そんな日々が来るのを本を読みながら切望する姿が見られました。

手紙を書くために……

「手紙を書こうと思って辞書を借りた。書くのが大変だったから、借りてよかった」。支援物資をもらったり、心配しているという手紙をもらった人から、お礼を伝えたいのでと手紙の書き方の本や辞書のリクエストをもらいます。

辞典を借りていかれる方が「字に触れないと、字を忘れる」と言っていました。家にあった本が全部流されてしまった。仕事もなくなったので、新聞を取るのをやめた。そのような理由から字に接する機会が極端に少なくなってしまったそうです。食事を三カ月作らなかったら作るのが億劫《おっくう》になった、という声と一緒で、字も読まなかったり書かないと、どんどん忘れてしまう。そのことにちょっとした焦りを感じていました。別の男性の方ですが「字を読まなくなると、社会との接点がなくなるように感じてね」と言っていました。情報を得られない、社会の動きがつかめないことで「孤立している気がする」のかもしれません。親戚や、友達から届くお見舞いの手紙に励まされた方々。避難所生活の時は「いつ、どこに移るかわからない」状態の中、住所が書けず、返事を書くのをためらっていた方もいました。二〇一一年六月頃から八月末にかけて避難所から仮設住宅団地への引っ越しが始まりました。引っ越しが終わり、落ち着いてまずすることは「手紙を書く」ことでした。お礼だけではなく、自分が引っ越した仮設住宅団地のことや、今の気持ちを伝えていました。

また「物を、もらいっぱなしはよくない」とおっしゃる方も。物資配布など被災者だからといろいろなものの配給を受けましたが、きちんとお礼状を書くことはもらうのが当たり前になってはいけないという念が込められていました。

「もらったらお礼を言う」という当たり前のことを、きちんと行うこと。「手紙を書くこと」は当たり前のことが当たり前になる第一歩の行為です。

手を動かす

「やっぱり、手を動かさないと、時間を持て余してしまうし。何より嫌なことを考えてしまう」、そう言って実用書を探している方がいます。手を動かすことは、料理だけに限りません。外でできること、部屋の中でできること。手を動かすアイディアとなる本を用意して、わたしたちは、お待ちしています。

「本を読んでいたら、土をいじりたくなった」と花を育て始めたお母さん。ここの仮設住宅団地では花や草の本が人気です。緑や、きれいな花々は心を和ませてくれるそう。「『趣味の園芸』一二月号来ました？」、「フラワーアレンジメントの本がきれいなので、みんなで回し読みします」と言う声もあります。誰かが始めたら他の方にも波及していくそうで、プランターで育てられた花々が、多くの家の前に飾られている仮設住宅団地もあります。

東北の凍《い》てつく冬に大人気なのが「編み物」の本。「セーター編みたいから、あったら貸してね」と、どんどん借りていかれます。「これ、ここで借りた本を見ながら作ったんだよ。皆に見せようって着てきたよ」と見せてくれたセーター。本にある写真よりずっと上手！「ここにある編み物の本、初心者のばかりだから。上級者用の本が見たいんだよね」、そのお母さん方は手先が器用。難しい編み物のパターンも簡単にクリアしています。

また「着物を縫おうと思っているんだけど、何となくおぼつかないところあるから、本を見て確認したいんだよね」と昔していた縫い物を始める方もいらっしゃいます。

「エコクラフトの本をリクエストしたんですけど、きていますか」。ある団地ではエコクラフトがプチブームになっている様子。エコクラフトとは、お米などの穀物の袋や、牛乳パックなどをテープ状の糸にして、編んで作るもの。かごやバッグ、キャラクターの小物入れなどを作っています。仮設住宅団地の集会場を開けたら、ずらっとクラフトが並んでいることもありました。お母さんたちが皆でワイワイと集まり作っているようです。

竹細工の本を借りていかれた方が「今、竹ひごでトンボを作っている」と話をしてくれました。震災後は、自分の名前も書けないほど手が震えてしまったそうですが、元々、手作業が好きだったので、その本に出会い竹細工を始められました。最近は作ってくれと頼まれることも。「頼まれたらプレゼントしてるよ」。以前から竹を自分流にアレンジして魚籠《かご》を作っているという別の男性からも「竹細工本ありますか」とリクエストをもらいました。もっといろんなものを竹で作ってみたいそうです。編み物も上級者用の本を求められましたが、竹細工もどんどん難しいものに挑戦したくなるようです。

「パッチワークの本、ないですか」と尋ねてこられた方がいます。理由は「支援物資でもらった服、サイズが合わないのでリメイクして着たいから」。なるほど。服にはサイズがあります。試着せずに受け取られた場合、改めて袖を通して「やっぱり無理」ということもあります。支援物資を受け取る場所に試着室がない場合もあるし、何十人、何百人がいる避難所に届いたものをゆっくり吟味するのも大変なことです。捨てることなくパッチワークを施し、リメイクされた服を拝見したいと思いました。また、その話を聞いた時「物資倉庫に大量にあった服はどこに行ったのだろう」と、ふと思い出しました。

また「着物の生地でバッグを作っているのよ。支援でいただいた布があるから何か作りたいと思って。支援でもらってばかりじゃなく、元気ですってお返ししたいじゃない」と言うお母さんもいました。ただもらうのではなく、お返しをすることで、一方通行ではない、双方向の関係ができるかもしれません。

私たちの移動図書館や運営している図書室には、皆さんが作ってプレゼントしてくれたグッズがあります。本棚の上にはエコクラフト、窓辺には竹細工のトンボ、机の上には編まれたテーブルクロス。ちょっとしたギャラリーになっています。

感情を出す

「〝綾小路《あやのこうじ》きみまろ〟の本、こりゃおもしれー。皆のことも笑わせることもできる。笑っている方がいいよね」。おもしろい本を読んで思いっきり笑いたいという方に人気なのが川柳。

年配の方が多い仮設住宅団地では「シルバー川柳」のリクエストもあります。

「ねえ、泣ける本ある？　なんか、泣ける本が読みたくなっちゃったから二、三冊チョイスしてくれない」と移動図書館に訪ねてきてくれる人もいます。

笑いたい時に読む本、泣きたいときに読む本。感情を揺さぶりたい時、本がそっと背中を押してくれます。笑える本は自分で笑って、人と一緒に読んで笑って、笑わせて。泣ける本は自分一人で読んで、誰にも見られることなく、ほろりと涙を流す。

音楽、舞台などの芸術は、感性を豊かにし、たくさんの感情表現を教えてくれます。本もしかり。

以前、震災と図書館に関してのシンポジウムで、住民から震災の経験の聞き取りをしている図書館の方が「当時のことや自分の感情を伝えられる人と的確な表現が見つからず話に詰まってしまう人がいる」と話されていました。まだ心の整理がついていないということもあると思います。時が来て、自分の感情を表し、引き出す言葉が見つかる本という存在を意識せずにはいられません。

二〇一一年四月、陸前高田市の避難所で出会った、おばあちゃんのことを、ふと思い出します。おばあちゃんは地震が起きた日のこと、家族のこと、今の避難所生活、そしてそれまでの生活や震災前の町のことを二時間近く話してくれました。話を終えた時、突然大粒の涙がおばあちゃんの目からこぼれました。「三週間たって、やっと涙が出てきたよ」と小さい肩が震えます。その肩を支えたいと思いました。そして震災で、心の奥底に感情を押さえている方が、どれだけいるのか、と感じました。

感情を出すきっかけは人それぞれでしょう。人と話している時かもしれません。ラジオから流れた曲を耳にした時かもしれません。そのきっかけの一つとして本が存在するのなら、その本を持ってそばに寄り添っていきたいと思っています。

肩のこらない本を揃える

「今まで、本をあまり読んでこなかった。今、移動図書館が来てくれるし、手に取ってみようと思って」と集まってくるお母さん方。

「でも小説はまだかな。肩のこらない本がいいよ」と本を選んでいます。「肩のこらない本ってどんな本ですか」と聞くと、「週刊誌」、「漫画」、「絵本」、「写真集」「大活字本」をあげられました。

「大活字本を作った人は偉いね。老眼鏡をかけなくてもいい。とても見やすい」。大活字本を出版している出版社の皆さま、ありがとうございます。

　そんな大活字本を知って、移動図書館に来てくれる人たちもいます。「移動図書館、来てるのは知っていたけど、初めて来てみた。大きい字の本で、いいのがあったら借りていく」、それまで敬遠をしていたそうですが、初めてご利用いただいた方もいました。

「この図書館車にある、大きい字の本は全部見てしまったよ。新しいのがあるといいね」。二週間五冊までお借りいただけますが、読みやすいので一気に読んでしまったそうです。

　大活字本は、楽しい、読みやすいという観点だけではなく、字が見えづらい方の権利だと思って置いています。活動を通して私たちが大切にしている「情報の提供や場づくり」という視点があります。本からの情報を得ること、またその本と出会う場所を作っていくことを心がけています。

「字が大きいと、私でも読めるよ」と本を借りていく方を見ながら、震災時、掲示板に貼られ小さい字で書かれたお知らせを読めたのだろうか、と考えてしまいました。津波や停電により輪転機が使えず、水漏れしなかった新聞ロール紙に、懐中電灯を照らしながらマジックペンで書き込んだ『石巻日日新聞《いしのまきにちにち》』の壁新聞。あれくらい大きな字で書かれている情報だと読みやすかったはず。

私はコンタクトをしています。両目とも視力が〇・一もないのでコンタクトや眼鏡がないと、大変不自由をします。緊急時に水が出ないのでコンタクトもできず、眼鏡もない中で、避難所の生活を自分がしたとしたら、どうなるのか。壁に貼られている情報をどれだけ読むことができるのかと、我が事として考えてしまいます。

漫画や「肩のこらない本」を手にしつつも、ボリュームのある本にチャレンジし始めた方もいらっしゃいます。「厚い本、面白そうで読みたいけど、時間がないから全然進まなくて読み終わるのは三カ月後かもしれない」と笑いながら『悪の教典』(貴志《きし》祐介《ゆうすけ》著)にチャレンジされる方もいました。

「読めないと思った宮部みゆき、読み切ったよ! 最新の三部作のやつ」。『ソロモンの偽証』ですね。読めた達成感は、大きな山を登り切った気分と一緒かも。もっと高い山を目指したくなるように、いろいろな本を読んでいただきたい。

また、すばらしい本との出会いがあれば、もっと読みたいという気持ちが湧き上がるもの。「佐伯泰英《さえきやすひで》さんの『居眠り磐音《いわね》 江戸双紙』シリーズ持ってきてくれましたか。すっかりはまってしまった。何巻まであるのかな」。二〇一三年六月に第四三巻が出ました。四三巻まで、まだまだでしょうか、続けて読んでください。このシリーズは大人気で「磐音さんの新しいの入ったら、すぐに教えてくださいね」と予約が入るほど。

「この前、借りた本はあたりだったよ！　読んだら気が合った本だった。次の本はどうだべな」。気が合う本とはすてきな表現です。出会えたことの喜びが、次の本に向かう原動力になります。また「この前借りた本がすごく良くてさ、その本を本屋さんに行って買ってきたんだよ」という声もありました。地元の書店さんも喜んでいることでしょう。そして狭い仮設住宅団地の部屋の中に、その一冊を置いてくれて、うれしく思います。

気が合う本との出会いの機会を、これからも作っていきたいです。

生の声で語ること

「大型絵本ありがとうございます。すごく好評で。あればまた貸してください」、地元で読み聞かせをしているお母さんが絵本の返却に来ました。一冊の絵本をじっくり読むのも楽しいこと。読み聞かせを通じて一冊の絵本の楽しさを、皆で共有するのもまた嬉しいことです。

読み聞かせは語り手の一方的な情報発信ではなく、聞き手とのコミュニケーションの連鎖で生み出されるもの。聞き手のきらきらとした目の輝きや反応を見て、「よしやるぞ」と語り手もやる気になる。また語り手の一所懸命さを見て聞き手も真剣になる。その循環だと思っています。子どもたちにとって、自分の方をしっかり見て、語り掛けてくれる大人が存在することがどれだけの心の支えになるか。

『遠野《とおの》物語』は柳田國男《やなぎたくにお》によって編纂された説話集です。神と自然との交流や畏怖、そして人々の生活を伝える話。本編には一一九話、続いて発表された『遠野物語拾遺《しゅうい》』には二九九話が収められています。一方、本編の序章で柳田國男が「思うに遠野郷にはこの類の物語なお数百件あるならん。」と書いている通り、聞き取りできなかった、代々、個々の家庭に伝わる話も、たくさんあるでしょう。

二〇一二年六月、お世話になっているある仮設住宅団地の区長さんから「遠野の語り部から話を聞きたい」という希望が寄せられ、「遠野語り部の会」を開催しました。また一一月には、私たちが運営している大槌町のかねざわ図書室でも実施。両会とも大盛況で、部屋からあふれてしまうと心配するくらい多くの方が来てくれました。「昔、あったずもな」から物語が始まり「どんどはれ」で終わる物語。語り部の静かに、でもやさしく語るお話を聞いて、涙を流されていた方もいました。

黙読する本があれば、声に出して読む本もあります。というよりも、絵本になった話も『遠野物語』も、元々は印刷技術もない時代から口承で語り継がれていたものだったので、物語を語ることは自然なことかもしれません。

今回の震災の被災現場にいる時、無意識に繰り返し唱えていた詩があります。それは序章でも書いた、宮沢賢治の『雨ニモマケズ』です。私は岩手県の隣、青森県出身。だからなのか分かりませんが小学校か中学校の国語の時間に『雨ニモマケズ』を暗唱させられていました。実は宮沢賢治が岩手県民だったことはあまり意識していませんでした。

一読すると、干ばつや冷害に悩まされる農民の姿を描いた詩だと思えます。でも今改めて、瓦礫の広がる荒野で自然とこの詩が口から出てきた時、この詩は厳しい自然に人間がどのように立ち向かうかではなく、その中でどのように生きるかを静かに、でも心からの念を込めて語られている文章だと感じました。そして目で追って読むよりも、声に出して読むと、その言葉の一語一句が心に沁みこんでくるようです。

宮沢賢治は、二万人以上が犠牲となった一八九六年の「明治三陸大津波」が起きた年に生まれ、三〇〇〇人余りの死者・行方不明者がでた一九三三年の「昭和三大陸津波」があった年に病気で亡くなりました。その間には関東大震災が日本を襲いました。三七年という短い人生の中で三回の大震災を経験した宮沢賢治により、この詩が生み出されたこと自体が、地震を避けて通れない日本人へのメッセージのような気がしてなりません。

本は眠り薬

娘さんのためにと本を借りにきたお母さんが「娘が最近眠れないって。本を読むと眠れるかもしれないから、その年代が好きそうな本を教えて」というリクエストをもってこられました。移動図書館の場で「夜、眠れない時に本を読む」という話題になることがあります。どこかで聞いた言葉と重なりました。それは「絵本を読むと、ぐっすり眠れるんだ」というアフガニスタンの男の子の言葉でした。

「本は眠り薬って言うよね。もう本を開いただけで、ぐぅっと寝ちゃう。だから一日数ページしか進まなくて」と本を返却しながら話をする女性がいました。夜寝る前に本を読むと、寝つきも良いそうで、毎日の習慣になっているとか。その話を聞いていたお友達が「でも面白い本だったら目が冴えちゃうわよ」とコメントされていました。

「寝る前に佐伯泰英を読んでいると言ったら医者に怒られた」という利用者の方がいました。「医者曰く『佐伯泰英は面白すぎるので、寝る前に読むなんて言語道断！』だそうな。ということで佐伯泰英は面白い！　またリクエストよろしく」と言い残して帰っていきました。

ただ眠るためには、適度なサイズや重さもあるようです。「寝ながら読めるから文庫の方が読みやすい。ハードカバーだと重くて疲れる」という声もあります。釜石市にシャンティの事務所を移してから宿泊施設がなくなりましたが、遠野に事務所があった時には二階にスタッフやボランティアが寝泊まりできる部屋がありました。一日一所懸命仕事をしたスタッフが寝ころびながら本を読んでいたのですが、しばらくすると「ばさっ。ごつ」という音。振り返ると寝落ちしてしまったらしくハードカバーの本が顔面に直撃していました。ただ起きなかったので相当深い眠りにつけたようです。

『井上ひさしの読書眼鏡』（井上ひさし著）の中に「不眠症には辞書が効く」というコラムがあります。井上さんが大江健三郎さんに不眠症の克服の仕方を聞いたところ、『岩波古語辞典』（大野晋《おおのすすむ》、佐竹昭広、前田金五郎編）を読めばよく眠れる、と言われたそうです。物語も伏線もクライマックスも辞書にはないので考えずに読め、すぐ眠りに落ちることできるとか。ただ辞典は重くて持てないし、持てたとしても顔面直撃だけは避けていただきたいです。

忘れないために読む本

「『はだしのゲン』（中沢啓治《なかざわけいじ》著）が読みたい」、仮設住宅団地に設置している本棚に来た一人の女性がつぶやきました。ちょうどその頃、小学校と中学校の図書室での閲覧制限を設けるというニュースが流れていたので、まわりにいた女性のお友達も「昔読んだよ。確かに今、読みたいね」と話に入ってきました。

「でも最初見た時はあの絵が怖かった。原爆投下の直後の場面なんて、目をそらせてしまったよ」、「暴力的なところもあったかもしれない。けど、原爆のことを伝えている本だしね」と読んだ時の記憶を思い出しながら話が進んでいきます。「本当にあったことだしね」という言葉が皆さんから何度も語られます。

最初に読みたいとつぶやいた女性が、その思いを話してくれました。津波が来ることは、何度も聞いていたが、「昔の話」と心のどこかで思っていたそうです。「でも、津波は本当に来た。『はだしのゲン』も、広島の人が実際に体験した話だから、それを忘れてはいけないよね」と。またその話を受けて、お友達が言いました。「今回の津波も本当にあったこと。またこれからの子どもたちも、何かあった時、そのことを知っているか知らないかが大きな分かれ道になる」。

『はだしのゲン』で目を背けたいと思ったようなシーンを、この会話をしている皆さんは、今回の震災で目のあたりにしました。

「将来、何かあった時」それに直面しなければいけなくなる人たちには、辛くても、その事実から目をそらさないでほしい、知っていてほしいという思いが、そこにはありました。広島の人たちの体験を忘れない、という言葉には、今回の震災で自分たちが経験してしまったことも忘れてほしくないし、将来に役立ててほしいという願いが込められていました。

また二〇一三年の春に「『はだしのゲン』の作者が書いた本だけど、次回来る時までにお願いできる」というリクエストが届きました。作者の中沢さんは、二〇一二年一二月一九日に肺がんで亡くなりました。最後に残された本が『はだしのゲン　わたしの遺書』。「原爆でやられた人も、こっちで津波にやられた人も気持ちは一緒だったと思う。私は運よく助かったけど、亡くなった人の気持ちを考えると切ないね」。

中沢さんが最後に記した言葉があります。「忘れてしまうことが大事なこともあるが、これだけは忘れてはいけない」。

人間は忘れる動物と言われています。経験したすべての苦しみや悲しみをそのまま同じ状態で背負うことは、とても耐えられません。だからこそ「忘れる」ということはありがたいことではあります。でも「これだけは忘れてはいけない」ことは、辛くても悲しくてもしっかりと心に刻まなければいけないのです。

漫画も置いています

「手軽に読める本を」と思い、漫画も移動図書館車に積んでいます。懐かしの漫画から今も連載が続いているものまで取り揃えています。

「『デビルマン』（永井豪《ながいごう》著）、懐かしいから借りていくわ」と小さい頃読んだ記憶がよみがえり、思わず手を伸ばしてくれました。その世代、世代で読まれている漫画がありますよね。『ドラえもん』（藤子《ふじこ》・F・不二雄《ふじお》）は、年代や性別を超えて知られています。陸前高田市・大船渡市の貸し出しの統計を見ると漫画の部門で、三位に入っています。『スラムダンク』（井上雄彦《たけひこ》著）はお父さんと息子が一緒に楽しめるもの。登場する安西先生のセリフ「あきらめたら、そこで試合終了ですよ」には、何人が「そうだよなぁ」とうなずいたことか。私も毎回このセリフに励まされています。世代を超えて楽しめるのも漫画の力かもしれません。

また映画などの原作になった漫画も気になるようです。『テルマエロマエ』（ヤマザキマリ著）や『宇宙兄弟』（小山宙哉《ちゅうや》著）などもたくさんの方に借りられました。

漫画の『三国志』（横山光輝《よこやまみつてる》著）を借りる女性がいました。「小説で読むのは字が小さくて大変だけど、漫画だと読みやすくていいね」。また字の大きさだけではなく、歴史の本は難しいイメージで敬遠していたそうです。「『三国志』って名前は聞いていたけど内容まで詳しくわからなかった。いやぁおもしろいね。次の巻も次回来る時持ってきてね」と、この物語を知った喜びを表現してくれました。

移動図書館には『ゴルゴ13』（さいとう・たかを著）が置かれています。これも男性に来てほしいとスタッフが思ってのことでしょう。とは言いつつも、「おめさんは、漫画しか読まないのか？　たまにはためになる本を借りにくれば」と、家族に突っ込まれるお父さんもいます。

移動図書館は、施設としてだけではなく、世代を超えた集いの場と考えた時に、蔵書の漫画も有効なコミュニケーションツールとなります。

外に出るきっかけになれば

震災後、「家から出る気になれない」という声を、よく聞くようになりました。支援をしている団体同士で、家を訪ねても中から出てきてくれない、玄関を開けてもらえない、どうやったら顔を見られるのか、という話し合いがいつもされています。

私たちの移動図書館活動でも、仮設住宅団地の方全員が出てきてくれているわけではありません。多くの方に利用してもらうため、どのような本や雑誌を用意するか、どのような場づくりをするか、常に試行錯誤です。移動図書館のモットーは「立ち読み　お茶のみ　おたのしみ」。一人でもくもくと立ち読みをするもよし、友達とお茶を飲みワイワイするもよし、ご自身のペースでお楽しみくださいという願いを、その言葉に込めました。本を読みたい時はもちろん、読む気になれない時でもお気軽に来ていただきたいと思っています。

「仮設住宅の部屋にいたくないから、いつもここに来ているの」。もう風が冷たい一一月、利用者の女性が言いました。「なんか嫌なのよ。一人でテレビを見ているのが悲しくなるの」。また別の女性は友人とワイワイと話しながら「部屋で一人、コーヒーを飲むより、ここで皆の顔を見ながら飲むと一段とおいしいよね」、「移動図書館が来てくれるのが楽しくなってきた。皆と集まって話をするのが好き」と笑顔を見せてくれる方々も。

「外に出てみたい」。そんな時に本を積んだ移動図書館を、ご自身の好きなように利用してほしいです。

仮設住宅団地の中には、見ず知らずの方が集まって住んでいるところがあります。「外に出て歩いていて、人とすれ違っても、『こんにちは。どちらから来られたんですか』と声をかけるのはちょっとね」、特に男性はかなりの抵抗があるようです。いろいろなイベントも

「気になるけど、話をしなければいけないのはちょっと辛い」と言う方もいました。でも一人でいると、いろいろなことを考え出して辛くなることも。

そんな時は、立ち読みはいかがでしょうか。立ち読みをしている時に興味がある話を聞いて、さりげなく声をかけて仲間に入る方もいますので。

二〇一一年は、本を借りに来た人同士がばったり会って「あぁ、あんた生きてたんだ」と再会の場になるシーンも見てきました。「ここには誰も知り合いがいないと思ってた。あぁ、よかった」と手を固く握りながら涙する女性たち。「一人だから寂しくて、辛い」から「知り合いが、そばにいるからよかった」へと変化した瞬間を、移動図書館の場で見た時には、こちらも熱いものがこみ上げてきました。「本」がある空間が生み出した奇跡を見たような気がします。

「いつも本を読むのが楽しくてね。だから、あんたたちが来るのが待ち遠しいんだよ」、「こう見えて結構これ（移動図書館）、楽しみにしてるのよ」と言われると、こちらこそ利用してくれて、ありがとうございます、と感謝の気持ちで一杯になります。

「私は漫画も読むし小説も読む。退屈はしないよ」。本好きな方が続けて言いました。「でも……外に出るのはあんたたちが来た時だけ」。また「この大震災で体を壊し、仕事もできなくなり家にいる。本があれば暇つぶしになるから助かる」という声も。移動図書館が外に出るきっかけになってもらえればと思っています。

子どもたちの居場所です

二〇一一年七月一七日の初運行。本を積んだ、見たこともない軽トラックが登場し、皆さんを、さぞ驚かせたと思います。最初に「なんだべ」と言って近寄ってくれたのが、子どもたちでした。その子どもたちを探しにきたご両親たちが、その後に続く感じでした。

震災後、子どもたちの居場所が課題となっています。学校の校庭には仮設住宅団地が建っています。そうでない学校の校庭も、震災直後、津波が来たところは「釘やガラスの破片があるかもしれないので立ち入り禁止」という看板が立てられていました。公園も津波の被害を受けたところがあります。

何よりも余震がまだ続く中、子どもたちだけで遠くに遊びに行かせることをためらう親もいます。「もしまた津波が来たら」と考えると、近くで遊ばせたいと思うのが心情です。また人気《ひとけ》がなくなってしまった場所を歩かせるのも不安が募ります。「娘に防災ブザーを持たせるようにしました」というお母さんもいます。

私たちの車には、子どもたちが読む絵本や児童書も積んでいます。「『かいけつゾロリ』（原ゆたか著）がいっぱいある。どれにしようかな」。五〇巻以上ある中からゆっくり選んでください。「『ミッケ！』（ウォルター・ウィック著、糸井《いとい》重里《しげさと》訳）がある、早く借りるべ！」男の子、女の子問わず『ミッケ！』は人気です。

また、子どもたちが料理の本を借りていきます。「お母さんに作ってもらう」とニコニコしながら借りていく子どもたち。「これ作って！」とかわいいおねだりになるかな。

移動図書館の周りでは、本についての会話というより、子どもたちと日常生活のおしゃべりに花が咲きます。「カブトムシ見る？　お父さんが飼っているから今持ってくるよ」と言って部屋に駆け戻っていく男の子。「お母さん、今日赤ちゃん産むんだってさ、まだ生まれてないけどね。おらと妹は家にいるけど」、ドキドキしているのでしょう、思わず外に出てきてスタッフに話をしてくれる小学生のお兄ちゃんもいました。

移動図書館の周りの場には、こちらが机と椅子を用意したり、仮設住宅団地の集会場を借りたりして、ゆっくりできる空間を作っています。子どもたちもその場でお絵かきや折り紙など、思い思いの遊びをしています。私たちの活動を手伝ってくれるボランティアをモデルに絵を描き始めた女の子や、「何でも」折れる折り紙の達人の男の子もいました。

体力のある子どもたちは、本だけでは満足しません。スタッフやボランティアの体力次第なのですが、声をかけられると一緒に遊ぶこともあります。野球好きのスタッフに「昨日、少年野球の試合で負けちゃった」と、報告をする男の子。「だから今日暇なんだ。キャッチボールしようよ！」、さっそく移動図書館の運転手がキャッチャーになり、キャッチボールが始まりました。「かけっこしようよ」と仮設住宅団地の周りをぐるぐる。「ほら！ もう一周」という元気いっぱいの子どもに引っ張られる若いボランティアの男性もいました。女の子とは一緒にフラフープをすることも。

一緒に遊んだボランティアがへとへとになっているのを横目に、子どもたちは次の瞬間には『こびとづかん』（なばたとしたか著）を見ながら歓声を上げていたりします。元気です。『こびとづかん』の次の年は、『世界のなめこ図鑑』（金谷泉《かなやいずみ》著、Ｂｅｅｗｏｒｋｓ／ＳＵＣＣＥＳＳ監修）が人気。図鑑はヒットしています。

活動開始前、移動図書館事業を行う理由について話し合っている時「子どもたちは大人のように言葉で自分の気持ちを表現できない」という発言がありました。本の登場人物に自分の気持ちを重ねることだけではなく、体も動かして思いっきり遊んでもらいたいと私たちは願っています。

先日、沿岸部の図書館の館長と話をしていた時、「図書館で、両親がこれからの生活の大変さについて話し合っていた。時には口論っぽくなることも。それを、一緒に来ていた子どもが本を読みながらも聞いていたと思う」という話題が出ました。広い家にいた時は聞こえなかった会話も、二部屋しかなく、しかも壁の薄い仮設住宅の部屋では聞こえてしまうことも。じっと堪えている子どもたちもいることでしょう。

シャンティ事務所の所長、古賀が、「移動図書館は、ひとりの、みんなの居場所です」と言いました。本の貸し借りの場だけではない、子どもたちの息抜きの場所、心の翼を広げ、体全体で表現できる場所になるように努めています。

人を思って本を選ぶ

「おじいちゃんが、入院しちゃったけど、本返して、また借りてこいって言われたから、返却と貸し出しをお願いします」と娘さんが本を持って移動図書館に来てくれました。貸し出しと言ってもおじいちゃんがその場にいないので、娘さんは「おじいちゃんは、どんな本を喜んでくれるんだろう」、「入院して落ち込んでいるかもしれないから、元気になる本がいいかな」と考えながら探していたと思います。

私も、誰かのために本を選んでいる時間が好きです。『試着室で思い出したら、本気の恋だと思う』（尾形真理子著）ではないですが、思い出すどころか最初からその人のことを思って本を選んでいるわけですから。私の友人もよく本を貸してくれます。頼んでいるわけじゃないのに「これ絶対読んだ方がいいから」と、今まで読んだことのないジャンルの本を渡されることも。「どうしてこれを選んでくれたんだろう」と思いをはせながらページをめくる楽しみがあります。また自分が気付かなかった第三者の視点や角度で物事を見られるようになり世界が広がることも。「この本は私のメッセージ」、それが伝わってきます。

「今日、お母さん来られないんです。震災前から勤めていた会社が始まって今月から通い始めたんですよ。お母さんの分も借りてきてって頼まれたからその分も借りていきます」震災から二年経った二〇一三年に、そんな嬉しいニュースと一緒に、お母さんの本を選ぶ子どもの姿を見ました。

「将棋の本を貸してください！　できれば羽生善治《はぶよしはる》の本を。兄貴が将棋好きなんで、兄貴のために借りたい」という弟の兄弟愛を感じることも。

「正月に孫が来た時負けたくないのでまた借りますね」と言って囲碁の本を借りにきたおじいちゃんは、めきめき腕を上げる孫に威厳を見せたいと言いながらも、孫と一緒に何かできる喜びにあふれていました。

「孫が来てるんだけど、どんなのがよいのか分からなくって。これ（音の出る本）借りていきます」、「今日は娘が孫を連れてきていて三日泊まるんだって。二歳の孫用に『アンパンマン』（やなせたかし著）の本を借りていくね」。お孫さんが遊びに来る日にはおじいちゃん、おばあちゃんは気合が入ります。「震災前はここら辺の人たちは大きい家に住んでいたよ。孫も一緒に暮らしていたんだけど、ここ（仮設住宅団地）の部屋は狭いだろ。家族がバラバラになってしまった」、本を抱えながらおばあちゃんが寂しそうにつぶやきます。一緒にいる貴重な時間。本が少しでも楽しい時間を作る手伝いになればと願っています。

「この前、借りた本を見て、母を思い出しました」と亡くなったご家族を、本を通して思い出す方もいらっしゃいます。

家族を失ったり、仮設住宅団地に移る際にバラバラの場所に住む話を聞き、家族と一緒にいることがどれだけありがたいことかを実感しています。


人を思って本を選ぶ。ネットの世界で簡単に他人とつながれる時代ですが、どんどん画面上に流れるタイムラインを見ながら、たくさんの人とつながらなければいけない、という焦りを捨てて、丁寧に人に接する時間も大切なのではないかと感じています。言葉で伝えるのは照れてしまうかもしれません。そんな時、選んだ本をそっと渡してみてはいかがでしょうか。

大好きな絵本がここに来れば読める！
１回目の移動図書館で。

四章　本のチカラを信じて

本は「つなぐ」もの

本はチカラがある。そう人は信じているから本はこの世の中に存在し続けているのではないでしょうか。

ではそのチカラとは何か？　本の価値について考えていきます。

私にとって本は「つなぐもの」です。そして「つなぐもの」の存在は時に重宝されますが、同時に恐れられ、破壊されることもあります。

人間の歴史を見ても、戦争や内紛が起きると本が燃やされたり、図書館の本が略奪されるなど、「本」に関する負のエピソードがたくさん残っています。前の章でカンボジアの焚書《ふんしょ》政策の話を書きましたが、一九三三年五月一〇日、ドイツでもナチスにより「非ドイツ的」とされる著者の哲学書や科学の本などが焼却されました。ハインリッヒ・ハイネは「本を焼き払う処《ところ》では人間をも焼いてしまうのだ」という言葉を残しています。

本が大切だと信じていたからこそ、戦時中に本を守った歴史もあります。『疎開した四〇万冊の図書』（金高謙二《かねたかけんじ》著）を読み、太平洋戦争の際、日比谷《ひびや》図書館館長・中田邦造《なかたくにぞう》氏の指揮により日比谷からあきる野《の》市や志木《しき》市まで本を疎開させた話を知りました。現在の日比谷高校の学生が、図書を大八車《だいはちぐるま》やリュックで背負い運びました。

なぜ人は、本を恐れるのでしょうか？　そしてなぜ本を守ろうとするのでしょうか？本がつなぐもの。それは情報だったり、知識だったり、文化だったり、人だったり、言葉だったり、思いだったりさまざまです。そして、人はそれを伝えたくて「本」というものを生み出していったと信じています。

そして本は時間を超えることができます。本を通して何百年前に生きた賢者と対話をすることが可能です。そしてその思想や文化が、伝達されます。人の一生の何倍も存在し続け、その内容を伝えていく本の存在は、反対の意見を持つ者にとっては恐ろしいものなのでしょう。

今回の震災で、全国から大量の本が東北に届きました。なぜ人は「本を送ろう」と思ったのでしょうか。なぜ「東北の人は本が読みたいに違いない」と思ったのでしょうか。

二〇一二年八月に、秋田市で岩手での移動図書館活動について講演をしたことがあります。

講演が終わって、一人の大学生が声をかけてきてくれました。「僕の実家は仙台で、震災の時は春休みで仙台にいました。数日たって、書店が開いた時、飛び込みました。無性に本が読みたかったっす。だから岩手の人の本が読みたい気持ち、分かります」と目を輝かせながら話をしてくれました。

「本のチカラとは何か」、その答えはひとりひとりの心の中にあります。平時には意識したこともなかったかもしれません。本の感想は友達どうしで話をしても、本のチカラについて言葉にする機会は、あまりなかったのではないでしょうか。

ここでは「本がつなぐもの」をキーワードに、私が感じたことをお伝えしていきます。

本と、音楽や映画との違いを聞かれました。私は本を読むのが好きです。でもクラシック、ジャズ、時にはロックのコンサートにも普通に行きます。映画も昔ほど行かなくなりましたが、気になる作品はチェックしています。

違いは「自分でコントロール」できるかできないかでしょうか。ホールで音楽を聞いたり、映画館で映画を見た時、途中でストップをかけるわけにはいきません。大人数がいる中で「ストップ」をかけた人がいたら大ブーイングが起きるか、時には警備員に連れていかれてしまうでしょう。私の友達に、トイレに行きたくなるのが怖いからコンサートや映画は行きたくないという人がいます。こっそり外に出ようとしても、演奏者や他の観客に迷惑になるかもしれません。

家で見たり聞いたりする時には、リモコンをぽちっと押して止めたり、飛ばしたりできるかもしれませんが、聞いている音楽を四倍速にするとか、映画を半分の速度で見ると、作品自体が違うものになってしまいます。映画『雨に唄えば』の一シーンのように、役者の動きがコメディーになってしまいます。

本はどうでしょうか？

本を読み進めるスピードは自分でコントロールできます。目次を見て気になる章から読んでもいい。一度読んで、気になる個所を読み返してもいい。目が疲れていたら、ゆっくり読めばいいし、のっている時は「飛ぶように」速く読んでもいい。

本という舞台では、自分が指揮者でありコンサートマスターになれるのです。

移動図書館を始めた直後、利用者の方が口々に「自分で選べるって、こんなに幸せなことだったのか」と話してくれました。避難所では、物資の配布は受けられても、なかなか自分で選べないもの。選べたとしても遠慮して結局手に取らなかった人も。自分で選んだ本を、自分の選んだペースで読めることで日常性を取り戻していく。そんな気分になれるという話でした。

また東日本大震災というコントロール不可能な自然災害を経験し、その後続いた、電気もガスもない生活。変わりすぎてしまった日常。それまで思い描いていた日々の生活は、大きく歪《ゆが》んでしまいました。そのひずみを完全に軌道修正するのは不可能でも、少しでも自分のペースにもっていきたい。また、そのひずみを、柔軟性を持って受け入れつつも、「この状況に慣れてはいけない」と口々にする人たちの姿があります。

本をコントロールすることは、世界に対する小さなリベンジかもしれません。そしてそのリベンジを積み重ねることで、自分のペースを取り戻し、安心感を得ることにつながるでしょう。

情報を伝える

「情報」は混乱も、安心も生みます。三月一一日の後、現場での情報が手に入らず不安な日々を送った方も多いのではないでしょうか。シャンティも一五日からスタッフが現場入りしたとはいえ、通信事情が悪いためなかなか連絡がつかず、やきもきしました。

役場が被災した市町村もありました。その場合、安否確認も含めどこに行けばいいかわからず、避難所を一つ一つ訪ねては確認された方もいます。また支援物資の配布、家などの保障、罹災《りさい》証明など、欲しい情報は山ほどあります。必要な情報か否かの判断も、その情報を見てみないと分からないでしょう。役場もホームページでお知らせを出したのですが、避難所では四月の前半も電気が通らず、携帯電話の充電のために発電機に順番待ちの列ができたくらいなので、ネットからの情報入手は困難だったでしょう。また光通信の線が切れたところや携帯のアンテナの被害もありました。

震災直後に限らず、その時その時に、人々が得たい情報があります。

避難所にいる時は仮設住宅団地に入るにはどのように応募するのか、職を失ってしまった場合は仕事の情報などが求められています。そして震災から三年近くたつ今は、仮設住宅団地を出てどこに住むかの判断が求められています。家の修繕や建て替えを行う場合、間取りをどうしていくか。建設の予算はどれくらいになるのか、家族が一緒に住むとしたらどんなデザインの家がいいのか、法律はどうなっているのか。そういった情報に関心が集まっています。

「去年まではスピリチュアル系の本が借りられていたけど、二〇一三年に入りビジネス関連の本も出るようになった」と陸前高田《りくぜんたかた》コミュニティー図書室のスタッフが言っていました。「震災前の会社に戻れました」という声も、二〇一三年になってから聞くようになりました。被災した工場が二年経って再建した、というニュースも入ってきます。仕事や資格の本はこれから本格的に必要となってくるのでしょう。

どの情報が今必要なのか、利用者の声に耳を傾け把握することが大切です。それと同時に、この先の未来を支え、創り上げていくためにどのような情報が必要となってくるかを予測しなければいけません。

そのためにも過去、他の地域を含めて震災が起こった際、どんな情報が必要とされてきたのかを学ぶことが最初の一歩となります。

シャンティも阪神《はんしん》・淡路《あわじ》大震災の活動をまとめた『混沌《こんとん》からの出発』という一冊があったからこそ過去の教訓から学び、今回の活動に役立てることができました。情報として残しても平時には過去の遺産として触れられずに保管されてしまうかもしれません。『混沌からの出発』も、シャンティが出版をしておきながら、今回の震災が起こって初めて存在を知った本です。

自分が今いる立ち位置を知り、そこから先に向けてどのような備えをすればいいのかを本が伝えています。

人をつなぐ

本は、人と人とをつなぎます。

自分が読みたい本、読まなければいけないと思っている本を、同じように読みたいと思っている人がいると、その場で会話が生まれることがあります。育児書を探しに来たお母さんと、「私も赤ちゃんがいるのよ」と声をかけてきた女性が知り合いになりました。

本の、表紙や背表紙、時には裏表紙が他の人を引き付けることも。会話のように声に発しなくても、本という形態の特徴でしょうか、表紙が無言で「私の関心ごとはこれですよ」と、アピールしてくれることもあります。知られたくない関心ごとの本は、こそこそ借りたり表紙を隠すように読めばいいだけです。

料理の本を立ち読みしているお母さんに、他のお母さんが、「あれ、鍋の季節だね」と声をかけ、自分の自慢のレシピの話をしたり、震災前に育てていた野菜の話をしたりしている光景を見かけます。

漬物の本を見ながら、ある女性が、嫁入りした時にお姑《しゅうとめ》さんから学んだ漬物の漬け方の話をしていました。母親の味は代々伝わる家族の歴史そのもの。震災でお母さんが亡くなった話を聞いた人が、「その家の味噌汁《みそしる》の味が途絶えたのは、一つの図書館がなくなったようなもの」と言ったそうです。ギニアに「お年寄りが亡くなることは大きな図書館がひとつ燃えてなくなることだ」ということわざがありますが、まさにその通りだと感じました。

今まで貸し出した本の中で印象深かった本を聞いた時『八日目の蟬《せみ》』（角田光代《かくたみつよ》著）をあげたスタッフがいました。理由を聞くと、外から来たボランティアとこの本の話で盛り上がったから。全国から集まったボランティアも、さまざまな作業をしながら、できれば地元の人と知り合いになりたいもの。ただ会話の糸口をどうやって見つけるか、悩んでしまいます。移動図書館を見たそのボランティアが、この本を手に取り『八日目の蟬』の映画を見たかという話でスタッフと盛り上がったとか。

被災を免れた公立図書館では、ボランティアが地域資料を読みにくる話を聞きました。自分が関わった地域が好きになりもっと深く知りたいと思う人はたくさんいます。地域が好きになる理由は、そこに住んでいる人たちが好きだから、というのが一番の理由ではないでしょうか。だからこそ、そこに住む人たちの生活や歴史を学びたいと強く思うようになります。

私も、岩手県立図書館に行っては市史や町史、祭事の資料を読み、文化や慣習の深さに感動しています。

震災では悲しい別れがたくさんありました。亡くなった人の代わりには到底なれませんが、全国から集まったボランティアの中には、その地域が大好きになり、移り住んだり、地元に帰ってからイベントや勉強会を開いて東北のことを伝えている人たちがいます。

また、移動図書館利用者から、ボランティアに手紙を書きたいから手紙の本や、辞書、どこから来てくれたのか知りたいから地図はないか、というリクエストをいただきます。

風土は、外からくる「風」の人と地元にいる「土」の人とが出会い、交流し作り上げられていくもの。その会話の糸口を、本が生み出すこともあります。また離れていても、つながり合っていたい、心を寄せていたいと思った時、手に取るものの中に、本があります。

失った感情を取り戻す

「言葉を失う」とはうまく言い当てた言葉だと、自分がその状況に陥った時、初めて実感しました。

序章にも書きましたが、震災後、うまく「言葉」が出なくなりました。経験したことがない場に自分が置かれた時、何が起こったかを表す言葉を見つけるのは一苦労だということを実感しました。自分の感情を伝えるしっくりくる形容詞が思い浮かばないと、感情を吐き出すことができずに胸に常に何かがつっかえている感じがします。

沿岸部の図書館の方が、若い人は形容詞の語彙が少ないから話をしていても表現の豊かさを感じないと言っていました。「悲しい」、「辛《つら》い」という言葉一つをとっても、これだけでは大雑把すぎないか、私の中の細かい心の揺れを表現する言葉は他にあるのではないか、と悩みを増幅させてしまいます。

そんな中、心の状態を的確な言葉で表現している本に出会った瞬間、つっかえていたものが落ちていきました。忘れかけていた感触がよみがえった気持ちになりました。

震災から三週間経った日、避難所にいたおばあちゃんが三月一一日の体験を話しながら、涙を流し「今、やっと涙が出てきた」といった一言。言葉にして発することで、心にしまっていたものが流れ出たのでしょう。

移動図書館でも一年過ぎた二〇一二年になり「やっとあの日の話ができるようになった」という声を聞きます。ただ、声をあげた方の声は耳に入ってきますが、無言のまま悲しみを胸に秘め、苦しみを背負っている方の声は、察することはできても、聞こえてはきません。声にしなくても、心の中の辛いことを読書を通して和らげてもらいたいと願わずにはいられません。

「泣ける本あるかしら」、「思いっきり笑えるものが読みたい」と移動図書館に感情を揺さぶる本のリクエストがきます。本の主人公と自分を重ね合わせ、そこに著された感情を自分のものとして受け入れる。

本は「感情を出していいんだよ」と背中を押してくれます。悲しいことや辛いことを抱え、泣きたい気持ちを抱えている自分を認めたくない時もあります。そんな時、本を読んで涙が出たら、本のせいにしちゃえばいいのです。

人前で涙を見せたくないのであれば、コンパクトな本を持ち歩き、人目のないところで開けばいい。

そして自分のペースで自身に起こったことを振り返り、本を通じて自分の気持ちと向かい合い、感情を受け入れ、表現し、心の中のつっかえを取ってもらいたいです。

失った言葉を取り戻すには、失った感情を取り戻すことです。

人間の根っこである文化をつなぐ

二〇一一年四月三日陸前高田市を移動中、瓦礫《がれき》の中に大きなシーツがたなびいていました。

車を止めて見てみると、自分の安否などが書かれていました。掲示板代わりにシーツを使っているようです。ちょうど私の目の高さにあった言葉が飛び込んできます、「けんか七夕《たなばた》を復活させるのは俺だ！」。

「県外の新聞記者の人が、大槌町《おおつちちょう》の避難所でインタビューをしたら、〝秋の祭りができるか心配〟と答える方たちがいて、驚いていたみたい」という話も聞きました。

祭りだけではありません。震災の後、改めて郷土の言葉、風習、食べ物などの文化や歴史を知りたい、そして残し、次世代へのたすきとして途切れさせることなく継承させたいという思いと焦りの声を耳にしました。

大槌町出身の人と話をした時「大槌町は町内会によって出し物もお囃子《はやし》も違うので、協和しているというより、ぶつかり合って共鳴している感じ」と言っていました。実際、大槌町には鹿子踊《ししおどり》、神楽《かぐら》、虎舞《とらまい》など、二〇を超える郷土芸能があり、それぞれの地域で継承されています。震災で山車《だし》や衣装が流されてしまったり、人が亡くなったりと存亡の危機にありましたが、地元の人たちが見事に復活させていました。

文化の復興は心の復興だと感じています。そして文化こそ、人間の根っこを形成する土台となるものです。

私がアメリカに留学していた時、大学の近くの町にカンボジアからの難民が多く住む町がありました。当時からカンボジアに関心のあった私はその町で、カンボジア人に無料でカウンセリングをしている医師をインターネットで知り、会いに行きました。

医師はタイにあったカンボジア人の難民キャンプで医療ボランティアをしていたこともあり、今でもボランティアで難民キャンプからアメリカに移住してきたカンボジア人のカウンセリングを行っていました。内戦を経験したカンボジア人の中には心的外傷後ストレス障害（PTSD）を発症する人がたくさんいました。夜、子どもの泣き声が聞こえる、死臭がするなど、当時の情景がフラッシュバックするそうです。当時の悲惨な体験のせいですが、外国に移住することで言葉や文化などの壁にあたり、より発症しやすくなっているそうです。

その言葉の壁をカンボジアの子どもたちは持っていませんでした。赤ちゃんの時にアメリカに渡ったり、ここで生まれた子どもたちは、アメリカの小学校に通っているので、英語はネイティブです。がんばれば大学まで行けるので、難民キャンプやカンボジア国内での生活を考えると明るい未来が待っているかのように思われました。しかし、中学校や高校に入ると、不良行為をする子どもたちがいました。カンボジア人の若者同士でつるんでは、器物損壊をはたらいたり、流血沙汰のけんかは日常茶飯事でした。

そのカンボジアの若者たちに話を聞く機会がありました。どうしてそのような行為に及んでいるかと聞くと、「寂しいから」。続けて「自分が何者かが分からないから不安だ」という声が上がりました。

英語が話せないのでカンボジアの言葉であるクメール語を話す親。英語しか話せない子ども。英語が話せない親は、夜のビルの清掃や閉店後のレストランでの皿洗いなど、子どもたちが家にいる時間仕事をしていました。子どもたちが学校に行く時間に戻ってきて、帰ってきた時にまた出かけていくというすれ違いの生活。

子どもたちは話を続けます。でも自分たちは両親の子どもだという話です。「髪の色も、目の色も、肌の色も、親と一緒。でも俺はどこが祖国か分からない。自分たちがどこから来たのかが分からない。だからどこに行くのかが分からない」

その時に感じたのは「言葉」の大切さ。親と子どもの会話、伝達していくためのツールとしての言葉はあるに越したことはないということ。そして「文化」の大切さです。そしてどれだけアメリカで教育を受ける機会を得ても「自分は誰なのだ」というアイデンティティの部分がしっかりしていないと、微風が吹いただけで倒れてしまう樹木のようにもろいものなのだと感じたのです。「文化」は人間の中に根をはります。

カンボジアに赴任して絵本の出版をしていた時、アメリカにいるカンボジア人の若者から絵本を売ってもらえないかという問い合わせをもらいました。絵本からクメール語を勉強したいとのこと。民話を主題とした絵本は「カンボジアの文化を知ることができる」ということで希望されていました。昔から語られる民話や説話は、人間の生きる道、善と悪、歴史などを伝えてくれます。

民話や説話といえば、岩手県でも、自分たちの地域に残る伝承を読みたいと『遠野《とおの》物語』が読まれました。また前述したとおり、シャンティがアレンジをした語り部の会は、満員御礼。宮沢賢治や石川啄木《たくぼく》など、地元出身の詩人の本が手に取られるようになりました。ただその土地に関する本、出身者の本を読みたいからではなく、その人たちが当時をこの土地でどのように生きてきたのか、どうしてこの土地で生きていこうと決意したのかを知りたい。そういう思いもあるようです。

「ここの町には縄文時代の貝塚があるんだ。一〇〇〇年に一度の大津波と言われているが、その津波を何度受けてもこの町に住むことを決めた人間がいた。今回の震災だって、先人たちのことを思えば、自分たちが町を再建していかなければならないのだ」とまっすぐな瞳で語ってくれた若者がいました。そのためにも、過去に失ったもの、築き上げたものを見直すためにも、資料を読みたいと言っていました。

　福島県立図書館にお願いして「警戒地区の町村の民俗・文化に関する資料」の一覧を作ってもらいました。一瞬にして故郷に住めなくなる、今でも戻れない大きな惨事。その街に「存在した」文化について学んでみたいと思ったのです。

「文化」は風俗・言語・食文化など幅広くカバーしているので、調べ始めの手掛かりとして「町史（誌）」「村史（誌）」の民俗編をご紹介いただきました。また実際、福島県立図書館に行き、そのリストにあった資料を拝読しました。『飯舘村《いいたてむら》の民俗』を手に取ると、飯舘村に残る田踊りの紹介がされていました。同じ村にいくつものグループが存在していて、昭和に活動をやめてしまった団体も含め、多くのことが記録されています。田踊りの歌も地域によって異なることも分かりました。つまりその地域の田踊りが活動をやめてしまうと、その歌が継承されなくなります。継ぐ若者がいないなど問題があり致し方ないことかもしれませんが、記録として資料にまとめられているので、その歌詞や衣装は後世に伝える記録として残ることになるでしょう。

　その資料をまとめるには、それなりの人員と予算と時間が必要だったはずです。今回のような震災が起きると、調べることもまとめることもできずに、消滅してしまう伝統文化などがあるのではないでしょうか。

福島県の警戒区域に指定された町は、他の自治体に役場機能を移しています。図書館員も自治体の職員として、違う業務を遂行しています。二〇一二年一一月に福島県立美術館講堂で行われた「福島県の図書館を考えるシンポジウム」にご登壇された大熊町《おおくままち》、双葉町《ふたばまち》、浪江町《なみえまち》、富岡町《とみおかまち》の図書館員だった方が「言葉の消滅の危機、無形民俗文化の保護、子どもたちに心の栄養をどう届けるか。図書館員としてやるべきことがやれない歯がゆさがある。今は、自治体の仕事をしっかりやらねばという狭間《はざま》に身を置きながら、日々の業務を行っている」と報告をしていました。

一九五〇年四月三〇日に制定された図書館法の第三条は「図書館奉仕」。内容として以下のように記載されています。

第三条　図書館は、図書館奉仕のため、土地の事情及び一般公衆の希望に沿い、更に学校教育を援助し、及び家庭教育の向上に資することとなるように留意し、おおむね次に掲げる事項の実施に努めなければならない。
一　郷土資料、地方行政資料、美術品、レコード及びフィルムの収集にも十分留意して、図書、記録、視聴覚教育の資料その他必要な資料（電磁的記録〈電子的方式、磁気的方式その他人の知覚によっては認識することができない方式で作られた記録をいう。〉を含む。以下「図書館資料」という。）を収集し、一般公衆の利用に供すること。

現在、国立国会図書館や県立図書館が震災資料の収集を行っています。資料や本として残すのはもちろんですが、視聴覚資料も収集・保存が進むことを願ってやみませんし、図書館がその大きな役割を持つ施設となりえます。

人口の流出は避けられません。それまで伝統文化の活動に携わっていた人たちもバラバラになってしまう中、衣装を着ていなくてもよいので、踊りなどを録画し集めていかないと地域の文化が残らなくなってしまう、と文化関係者が危機感を募らせていました。

長くシャンティの支援をしてくれる東北の方が、震災後の自分の生活を振り返り話してくれた言葉があります。「何カ所も、たらいまわしにされた。まさか自分が難民のようになるとは思わなかった。初めてアジアの国の人たちの気持ちが分かった」。故郷を離れ、新天地で生活を余儀なくされる方たちが、「我々は誰か」、「どこから来たのか」と自身の根っこの部分を振り返る時に、それを助ける資料がそばにあってほしいと願います。

普遍の真理を求めて

国立国会図書館の東京本館の目録ホールに「真理がわれらを自由にする」という言葉が刻まれています。一九四八年に制定された国立国会図書館法の法案起草に参画した羽仁五郎《はにごろう》参議院議員がドイツ留学中に見た大学にあった銘文から引いたそうで、それは新約聖書ヨハネによる福音書八：三二の「真理はあなたたちを自由にする」に由来しているとされています（「国立国会図書館ＨＰ」より）。

普遍は「例外なくすべてのものにあてはまること」、真理は「正しい物事の筋道」を示しています。

私がカンボジアにいた一九九〇年の後半は、まだ子ども向けの絵本が皆無に等しく、シャンティの「絵本を届ける運動」を通じて、日本で出版された絵本に翻訳された現地語が印刷されたシールを上から貼り、現地に届けてもらっていました。今のカンボジアは絵本の出版はされるようになってきましたが、質の高い本が少ないことからこの運動が続いています。

日本の書店や図書館に行けば、何百冊という絵本が出迎えてくれます。アジアにどの本を送ろうかと児童文学の専門家にご相談したことがあります。そしていただいたアドバイスは一言。

「普遍の真理を伝えているもの」。

言語、国家、文化などが違えども「真理」といえるものが、テーマとなっているものを選びなさいということでした。

約束を守ること、嘘をつかないこと、友情、助け合い、生きることや失うこと、困難を乗り越えること、そんなメッセージを自然と伝えている本を意識して探すようになりました。メッセージが物語を通してじわりと感じられ、体の中にスッと入っていく絵本は芸術作品です。

物語の最後に「だから、皆さん助け合いましょうね」と書かれなくても、読み進めていくうちに伝わってきて、絵本をぱたんと閉じた時に、いい夢を目覚めても覚えている時のような心地よさを感じます。

普遍の真理を知ることは、人間の根っこの部分を作ることだと信じています。「何が正しいか、何が正しくないか」、「助け合うことで、困難は乗り越えられる」、「失うことをどう受け止めるか」。小さい時に、絵本の中でたくさん経験することで、その真理が自分のものとなっていきます。

大人以上に子どもは言葉で感情を伝えられない分、体を動かしたり、絵を描いたり、遊びを通じて体で表現してストレスを発散します。しかし東日本大震災では、その遊び場も、津波の被害にあい立ち入り禁止になったり、余震を恐れ親が家から遠くへは遊びにやらなくなりました。

小学校の脇の山を小枝をかき分けながら登り、そこで見た津波の来襲。誰かを亡くしたこと。親が仕事を探しに他県に引っ越すため転校してしまった友人。わずかの時間に、変わらないと思っていたことが、一気に変わってしまった生活。

その変化のスピードに振り落とされそうになるかもしれません。この震災で今までのすべての価値観が崩壊し、転換を余儀なくされている、という声も聞かれます。

そこで一つの問いは「その価値観は普遍の真理であったか」ということ。

二〇一三年八月に大阪で開催されたマイクロ・ライブラリーサミットに参加し、大槌町で「森の図書館」を運営している佐々木格《いたる》さんの講演を聞きました。「この世の中は見えるもの、聞こえるもので判断されがちだが、見えないものにこそ本当に価値があるということを子どもたちに理解してもらいたい。そのために感性を育てたい。感性を育てることで何が大事なのか、何が大切なのか、本当の物質とはなんなのかが分かる」という話をされていました。

「これから一〇年、二〇年後、日本の社会をリードする人材がこの被災地の中から生まれるんじゃないか」と話されていました。「感性を育てることを通じて本質を追及してもらいたい」という未来へ向けたメッセージを岩手県大槌町から発信されたことは、そして「普遍の真理」を探究し自分のものにすることは、困難な状況であればあるからこそ大切なものだと気が付かせてくれました。

柳田邦男《くにお》さんは「人生の中で絵本を読むべき機会は三回ある。一回目は自分が子どもの時、次に自分が子どもを育てる時、そして三回目は自分が人生の後半に入った時」と言っています。年を重ねて読む絵本はまた新たな発見があるものです。またいろいろな経験をしたからこそ、一度振り返って「普遍の真理」とは何かを絵本を読みながら考えて、伝えていくことも、次世代へのメッセージとなります。

震災だけではありません。日本中、いえ世界中で、予想を超えた災害が起きる可能性はあります。

災害が起きることを予測して私たちは定期的に避難訓練を行います。また東日本大震災後、職場や家庭で備蓄品の見直しや購入が行われました。シャンティの事務所でも一週間帰宅できないことを想定して必要な物を自分の机の中に置くようにと言われました。帰宅困難者になることを予想して、靴の中に入れるクッションや折り畳みのヘルメットなどコンパクトに持ち運べるグッズなども売られるようになりました。

私たちは体を守るために訓練や物の準備は行っています。

では、心を強く持つ保つ訓練はどれだけ行っているでしょうか。

借りた本を返すという約束を守る行為が日常生活を取り戻すことにつながるという言葉も、人間が人間らしく生きるために普遍の真理に向きあい、立ち返りたいというメッセージであり、その原理を知ることが心を強くしてくれます。

「普遍の真理」を求めるために哲学書をたくさん読むのも良いと思います。それはハードルが高い、時間が取れないと、お考えでしたら絵本を読んで考えてみてはいかがでしょうか。絵本という小さな宇宙の中に、「真理」という筋道が伝えられています。そしてその道を見つけた人が「自由」を得られるのではないでしょうか。

こんな不確実と言われる時代だからこそ、「真理とは」という問いに、向かい合う時なのではないでしょうか。また「真理がわれらを自由にする」というメッセージが図書館に掲げられる意味を、そして本にできることを、今一度考え、かみしめていきたいです。

おわりに　衣食住と本と

衣食住は、人間が生きる上で必要不可欠であることは疑いようがありません。ただ衣食住は生きるための手段で目的ではありません。

生きる目的を考えるときに、アイディアやアドバイスをくれたり、辛《つら》い時にそばにいてくれるのは家族や友人だけではなく、本もその役割を担えます。

本は、アイディアやアドバイスをくれます
　未来に向けた道を照らす、一筋の光になります

本は、時代を超えて過去の賢者と対話をさせてくれます
　歴史に銘を刻んだ英雄がどのように困難を乗り越え、決断したのかに触れられます

本は、自分の根っことなる文化を伝えてくれます

故郷を支えると、故郷が支えてくれる

本は、笑いを届けてくれます
思いっきり笑えばすっきりと
本は、泣きたいときにそっと背中を支えてくれます
涙と一緒に、心のつっかえも流れていきます

本は、家族の絆《きずな》を支えます
見て作ったおいしい料理は家族の絆をふかめます

本は、寂しさを紛らわせてくれます
一人の夜も、時間を気にせず、手を伸ばせばそばにいます

本は、友達との会話も弾ませてくれます
本をめくって、お茶を飲んで

本は、選択肢を与えてくれます
子どもの名前を付ける時にたくさんの名前に触れて、一番のものを選びたい

本は、選択肢の中から選ぶ力を伝えてくれます
一つだけの情報源に頼って大丈夫ですか。いろんな側面から見てみると、新しいことを発見することもありますよ

本は、普遍の真理を見つけだすヒントをくれます
感性を高め、疑問を疑問としてとらえ、それは正しいのか判断する背中を教えてくれます

情報が多くてそれが見つからない？

見つかるまで、何度も、何冊も、開けばいい

まだ復興の半ばで、進むべき道は見えづらい状態にあります。「前に進みたいが、前がどちらの方向か分からない」という声が被災地で上がっていました。

人生の目的を見つけ、そこにたどり着くための道しるべに、本はなっています。

あとがき ―― 感謝にかえて

二〇一一年七月から移動図書館の運行を始めて二年が経ちます。日本で図書館の活動をするのは初めてでしたので、戸惑うことも多々ありました。そんな中、運行や生活においてアドバイスをくれたのは地元の自治体や住民の方でした。今回この本を書くにあたり、お名前を頂戴した方には文章の確認と許諾のお願いをしたのですが「こんなことを言っていたかどうか覚えていない」という声が寄せられることが多かったです。「色々なことに必死だった、でも図書館の話が少しでもできて嬉しかったので、そんなことを話したのだろう」というメールでした。極限の状態で、本や図書館について語ること。それは人々に娯楽を届けることではなく、「心の渇きへどう一滴でも潤いを届けるか」という会話でした。

また執筆を通じて人間が記憶することの限界も感じました。これだけ力を入れてプロジェクトの立ち上げを行いましたが、過去の資料を読み返すと、記憶から漏れてしまっているものもありました。今回、記憶を記録に本として残しませんかと、声をかけてくれた筑摩書房の高田俊哉さん、何度も文章のチェックをしてくれた編集担当の鶴見智佳子さんに心よりのお礼を申し伝えます。

二〇一二年の春、岩手事務所ではスタッフを採用し、体制が整いました。それから私は東京で広報担当として伝える仕事が中心になりました。現在、移動図書館の運行や図書室の運営を行っているのは、岩手事務所のスタッフのみんなです。そして二〇一二年より宮城県山元町事務所が立ち上がりました。こちらでも地元のスタッフが頑張っています。雨の日も、風の日も、雪の日も本を持って走り続けているシャンティのスタッフのみんなには感謝の限りです。

そしてなにより、移動図書館の場に来てくれる利用者の皆さま、地元の書店の皆さま、ありがとうございます。一緒に歩めるように、これからも移動図書館は一人の、みんなの居場所になりたいと思っています。どうぞよろしくお願いします。

ちくまプリマー新書208

走れ！移動図書館　本でよりそう復興支援

二〇一四年一月十日　初版第一刷発行
二〇一五年十月十五日　初版第二刷発行

著者　鎌倉幸子（かまくら・さちこ）

装幀　クラフト・エヴィング商會

発行者　山野浩一

発行所　株式会社筑摩書房
東京都台東区蔵前二-五-三　〒一一一-八七五五
振替〇〇一六〇-八-四一二三

印刷・製本　中央精版印刷株式会社

ISBN978-4-480-68910-8 C0200 Printed in Japan

乱丁・落丁本の場合は、左記宛にご送付下さい。
送料小社負担でお取り替えいたします。
ご注文・お問い合わせも左記へお願いします。
〒三三一-八五〇七　さいたま市北区櫛引町二-六〇四
筑摩書房サービスセンター　電話〇四八-六五一-〇〇五三